AF139114

Mit der blauen Arrow
nach Irland und Schottland

Flugkapitän Peter Klant

Mit der blauen Arrow
nach Irland und Schottland

Eine abenteuerliche Sommerreise

Herstellung und Verlag:
BoD - Books on Demand, Norderstedt
ISBN: 978-3-7322-3197-3

Inhalt

Über den Autor

Flugkapitän Peter Klant

 Peter Klant ist verheiratet und hat drei Kinder. Er fliegt als Flugkapitän auf Airbus A380 und ist mit Leib und Seele Flieger. Seine fliegerische Laufbahn begann er 1976 mit dem Segelflug in Bonn-Hangelar. Seit 1980 fliegt er beruflich. Bevor er auf den A380 wechselte, war er auf folgenden Typen eingesetzt: Boeing 737, Airbus A310, Boeing 747-400, Airbus A340 und A330.

In seiner Freizeit fliegt er seit vielen Jahren einmotorige Flugzeuge in Deutschland und den USA – gechartert und im Verein. 2011 erfüllte er sich den lange gehegten Traum vom eigenen Flugzeug und kaufte eine Piper Arrow. Mit der Arrow ist er auch IFR unterwegs.

Neben der praktischen Fliegerei beschäftigen ihn Themen der Flugsicherheit und die Luftfahrtgeschichte. Seit 1999 betreibt Peter Klant sein Luftfahrtantiquariat Lindbergh. Über das Internet verkauft er alte und seltene Luftfahrtbücher an Piloten und Luftfahrtbegeisterte in alle Welt.

Im Internet ist er zu finden auf der Webseite:

www.Lindbergh-aviation.de

Mit im Cockpit auf dieser Reise

Tobias Klant

 Tobias ist begeisterter Pilot. Er fliegt als Erster Offizier auf Airbus A320 kreuz und quer durch Europa. Und er ist der einzige Pilot, der außer seinem Vater die blaue Piper Arrow fliegt.

Tobias zweite große Leidenschaft ist die Musik. Wenn gerade kein Flugzeug zur Verfügung steht, spielt er mit Freunden in seiner Band Verveine oder arbeitet im Tonstudio. Erst kürzlich hat er eine neue CD herausgebracht:
   „On Visions and Colours"

Im Internet ist er zu finden auf diesen Webseiten:

www.ThisisVerveine.com

www.NeverendingStoryRecords.com

Vorwort

Dieses Buch entstand aus einem persönlichen Blog, den ich für meine Familie geschrieben habe. So konnten alle zu Hause - manchmal noch am selben Tag - nachlesen, was wir so machen, und wo wir sind.

Geschrieben habe ich jeden Abend auf dem iPad, entweder in einem Cafe in der Stadt, oder im Hotel. Hochgeladen wurden Texte und Bilder, sowie am Abend eine WLAN Verbindung bestand.

Der Nachtrag „Infos für Piloten" entstand im Crewhotel in Singapore.

Freitag, 4. Mai 2012

Die Piper Arrow ist bereit...

Mitte Juni geht's nach Irland und Schottland. In diesem Blog findet Ihr Informationen über das Flugzeug, die Vorbereitungen und die Positionsmeldungen...

Die blaue Arrow – fertig zur Beladung
am 18. Juni in Worms am Rhein

Sonntag, 6. Mai 2012

Vorbereitungen... Die Navigationskarten

Inzwischen habe ich fast alle Navigationskarten für die Reise zusammen.

Für die Flüge, die nach Sichtflugregeln durchgeführt werden, benutze ich für Kontinental-Europa ICAO Karten auf dem iPad mit der Software Sky-Map. Für England, Irland und Schottland gibt es leider keine Sky-Map Karten. Also musste ich mich in eine andere Software einarbeiten. Und zwar ist das Air Nav Pro. Dafür konnte ich die offiziellen Sichtflugkarten der britischen Luftfahrtbehörde CAA kaufen. Aber nur für England und Schottland. Für Irland gibt es keine Karten für das iPad. Also fliege ich über Irland mit Papierkarten von Jeppesen.

Länderinformationen gibt's auf meinem iPad aus den offiziellen Luftfahrthandbüchern (AIPs) über den Provider CIS-Flight. Alle Flugplatzkarten und IFR Anflugkarten kommen von RocketRoute über das RocketRoute App auf dem iPad.

Für die Flüge nach Instrumentenflugregeln benutzte ich die Jeppesen IFR Enroute-Charts aus Papier.

Die blaue Arrow – The Blue Arrow

Die blaue Arrow ist meine viersitzige Piper Arrow PA28R-200, Baujahr 1973, mit einem 200 PS Lycoming IO-360 C1C Motor. Der Tiefdecker hat ein Einziehfahrwerk, und entspricht mit dem modernen 3-Blatt Verstell-Propeller und seiner nachgerüsteten Abgasanlage den höchsten Lärmschutzvorschriften. Das maximale Startgewicht beträgt 1.199 kg, die Reisegeschwindigkeit etwa 120 Knoten (220 km/h). Der Tankinhalt reicht für mehr als viereinhalb Stunden Flugzeit, so dass ich mit entsprechenden Reserven Flüge bis zu dreieinhalb Stunden planen kann. Das entspricht etwa 800 km Reichweite (Luftlinie).

Ich habe die Maschine im Frühjahr 2011 gekauft und im Laufe des Jahres umfangreich umrüsten lassen. So ist u.a. zusätzliche Instrumentenflugausrüstung eingebaut worden. Jetzt ist das Flugzeug auch für Flüge nach Instrumentenflugregeln mit nur einem Piloten (single-pilot IFR) zugelassen. Auch die Innenausstattung von 1973 wurde komplett erneuert. Mitflieger auf dem rechten Pilotensitz werden sich über die neuen Türdichtungen freuen, so dass bei Flügen durch Regenschauer nun niemand mehr nass werden sollte (wie mein Bruder Christoph auf unserer Skandinavienreise 2011).

Die blaue Arrow...

Ladeplan

Von besonderer Bedeutung für das sichere Fliegen ist ein realistischer Ladeplan.

Meine Piper Arrow hat ein maximal zulässiges Abfluggewicht von 1.199 kg. Das Leergewicht beträgt 765 kg. Es ist also eine maximale Zuladung von 434 kg möglich, die sich auf Treibstoff, Gepäck und Insassen verteilen muss.

Wie schon bei der Skandinavien-Tour 2011 mit meinem Bruder Christoph haben auch die dieses Jahr angeflogenen Flugplätze fast alle eine üppig lange Landebahn, so dass einem Flug mit maximalen Gewicht nichts entgegen spricht. Das ergibt ungeahnte Flexibilität bei der Zuladung. Anders als bei den modernen, zweisitzigen Ultraleichtflugzeugen, bei denen man mit 2 Insassen nicht einmal mehr volltanken kann, passt in die viersitzige Arrow irre viel rein. Bei 2 Insassen und vollen Tanks ist immer noch Platz für reichlich Gepäck, Werkzeug und die Notausrüstung.

Was soll alles mit?

Vordere Sitze:
  2 Piloten: 160 kg
Hintere Sitze:

8

2 x Nav Kit (Karten, Computer, Unterlagen, etc): zusammen 10 kg

Notausrüstung:

1 Rettungsfloss: 23 kg

4 Schwimmwesten: 2,5 kg

Gepäckraum:

Tool Kit (Werkzeuge und 3 l Motoröl): 5,5 kg

Tiedown Kit (Seile, Erdanker, Bremsklötze zum Sichern des Flugzeugs): 4,5 kg

Eimer und Wasserkanister für die Scheiben: 5 kg

Gepäck (max. 15 kg je Person): 30 kg

Tanks:

2 x 95 Liter Flugbenzin: 135 kg

Letztes Jahr in Norwegen mussten wir feststellen, dass nicht überall Vorrichtungen bereitstanden, das Flugzeug über Nacht ausreichend gegen Wind zu sichern. 2011 hatte mein Bruder in Norwegen aus den Holzresten eines Abfallcontainers wunderbare Bremsklötze gezaubert. Die hätten für eine Boeing 737 gereicht. Sie waren aber viel zu schwer, so dass wir sie nach der Reise pensioniert hatten. Nun habe ich superleichte Bremsklötze aus Aluminium an Bord.

Den Ladeplan rechne ich nicht mehr von Hand wie früher, sondern auf dem Computer (iPad). Dann kann man sofort sehen, dass nicht nur das Gewicht im Limit ist, sondern auch der Schwerpunkt des beladenen Flugzeugs... Für das voll beladene Flugzeug ergibt sich mit den oben aufgeführten Werten ein Gesamtgewicht von 1.141 kg. Es bleibt Luft, eine beruhigende "Underload" von 58 kg.

Sonntag, 27. Mai 2012

Der Flugplan – Die Crew

Die Erfahrungen aus dem Vorjahr haben gezeigt: Ein Plan ist erstmal nur ein Stück Papier. 2011 mussten wir in Norwegen komplett umplanen, weil tiefe Wolken den Flug entlang der norwegischen Westküste unmöglich machten. Aber ohne Plan geht es trotzdem doch nicht.

Für 2012 habe ich mir Irland und Schottland ausgesucht, weil die Landschaften dort so großartig sind. Bei vielen Flügen über den Atlantik habe ich die Gegenden meines Flugplans schon aus über 10 km Höhe gesehen. Der Wunsch dort mal hinzufliegen ist schon lange vorhanden. Den Ausschlag jedoch gab eine Irlandreise unseres Nicolas. Er kam so begeistert zurück, dass ich ihn fragte, ob er sich vorstellen könne, 2012 mit mir zusammen in der Arrow wieder dorthin zu fliegen. Er konnte es sich vorstellen, fiel dann aber später wegen Terminen an der Uni als Mitflieger aus.

Der Plan aber blieb:

- Abflug in Worms am 18. Juni
- Le Touquet (Paris-Plage), Frankreich, am Ärmelkanal
- Cork, Irland (ein Tag frei)
- Inishmore, eine Insel der Aran Islands, Irish Sea
- Dublin, Irland (ein Tag frei)
- Isle of Man, GB

- Stornoway, Isle of Lewis, größte Insel der Äußeren Hebriden, (ein Tag frei)
- Wick (Alternative für Stornoway), Nordostspitze Schottland (Wick ist Start- und Endpunkt für Atlantiküberquerungen – Ferryflüge – mit kleinen Flugzeugen)
- Edinburgh, zweitgrößte Stadt Schottlands (ein Tag frei)
- Southend-on-Sea
- Rückkehr nach Worms am 30. Juni

die geplante Flugroute im Great Circle Mapper
www.gcMap.com

Es ist nicht einfach, für eine solche Reise eine Crew zusammen zu stellen. Denn es ist in erster Hinsicht eine Flieger-Reise. Flugerfahrung in kleinen Fliegern ist sehr hilfreich, denn anders als bei einem Rundflug bei blauem Himmel kann es auf so einer Tour – für Nichtflieger – auch mal wackelig und unan-

genehm werden. So mussten wir 2011 auf dem Rückweg von Schweden über Peenemünde lange Strecken
im Tiefflug fliegen, weil das Wetter schlecht war. Da
war es sehr hilfreich, dass ich mit meinem Bruder
Christoph – einem erfahrenen Fallschirmspringer –
einen an die drei Dimensionen der Luft gewohnten
Copiloten hatte. So konnte ich mich entspannt aufs
Fliegen konzentrieren und hatte zudem in jeder Hinsicht beste Unterstützung in der Navigation.

2012 ist die Tour zweigeteilt: Die erste Hälfte bis
Dublin werde ich solo fliegen. Das hat bei meiner
Frau zuerst mal zu ein paar Sorgen geführt. Für mich
aber ist das Solo-Fliegen eine besondere, wunderbare
Herausforderung. Es erinnert mich sehr an die schönen, langen Überlandflüge, die ich 1979 solo mit den
gelben Beechcraft Bonanza durch Arizona gemacht
habe. Auf diesen Teil der Reise freue ich mich daher
besonders.

Die zweite Hälfte der Tour hat ebenfalls ihren be-
sonderen Reiz: Ich werde ab Dublin zusammen mit
meinem Sohn Tobias fliegen. Vater und Sohn, beide
Piloten, endlich mal länger in einem Cockpit! Wir
werden uns mit dem Fliegen abwechseln, so kriegt
jeder seine Landungen. Tobias wird mit einem Linien-
flug nach Dublin kommen und in die Tour einsteigen.
Schottland wollen wir dann gemeinsam erkunden…

Montag, 18. Juni 2012

1. Tag – Trotz Kaltfront ein erfolgreicher Flug nach Frankreich...

Bereits in San Francisco hatte ich für heute einen IFR Flugplan (IFR = Instrument Flight Rules, Instrumentenflugregeln) für den Flug von Worms nach Le Touquet aufgegeben. Diesen Plan habe ich gestern beim Fußballspiel wieder gestrichen und durch einen Plan nach Sichtflugregeln ersetzt. Die Vorhersage sprach von einer Gewitterfront über den Benelux Ländern. Da die Arrow kein Wetterradar hat, kommt bei Gewitterlagen ein Flug durch die Wolken nicht in Frage.

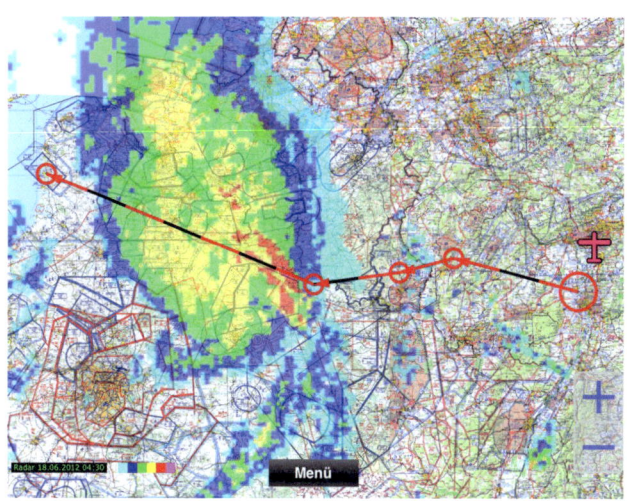

Frühstückslektüre: Eine Gewitterfront blockiert die Flugroute nach Le Touquet

13

Nach einem frühen Frühstück mit meiner Frau um 6Uhr 30 (Ich war schon seit 5 Uhr wach und habe über das Wetter nachgedacht), packte ich meine Taschen ins Auto und fuhr bei strahlend blauen Himmel zum Flugplatz Worms.

Für Aushallen, Vorflugkontrolle, Beladen und Tanken hatte ich eine Stunde angesetzt. Es wurden 1:20, so dass ich über das Internet meine Abflugzeit für den Flugplan entsprechend nach hinten schob. Die Arrow war in bestem Zustand. Tobias war letzte Woche in Worms gewesen und hatte den Austausch aller drei Drainvalves an den Tanks veranlasst. Jetzt tropfte nichts mehr.

Der Flug nach Le Touquet, südwestlich von Calais am Ärmelkanal, machte mir echt Kopfzerbrechen. Das Radarbild beim Frühstück zeigte eine fette Gewitterfront mit Zentrum genau auf meinem Flugweg kurz hinter Luxemburg, die allerdings schnell nach Nordosten zog.

Die Strategie für heute war: erst mal los fliegen, die Front nach Sicht unterfliegen, sofern das möglich sein sollte. Andernfalls würde ich vor der Front landen, z.B. in Trier und nach dem Durchzug der Gewitter sofort weiterfliegen. Die niedrigsten Wolkenuntergrenzen waren in 2.000 Fuß (600 Meter) gemeldet. Nicht hoch, aber hoch genug, um noch sicher drunter lang zu fliegen. Christoph wird sich erinnern, dass wir 2011 am Schluss nur noch 500 Fuß über Grund hoch waren (die niedrigste Mindestsicherheitshöhe für Sichtflüge), bevor wir in Erfurt eine Sicherheitslandung gemacht haben.

Gleich nach dem Start in Worms nahm ich Kurs auf Luxemburg. Ich stieg auf Flight Level 65 (6.500 Fuß) und holte mir erst mal das Wetter von Hahn. Da würde ich vorbeifliegen. Hahn meldete Gewitter in der Nähe, das gleiche Wetter bei ansonsten guter Sicht konnte ich über mein zweites Funkgerät von Luxemburg bekommen. Voraus sah ich einzelne Schauern, abseits meiner Route, sowie tiefe Wolken. Wenn ich da drunter wollte, wie vorgeplant, müsste ich schon vor Hahn wieder aus meiner schönen Höhe runter und dann wahrscheinlich zwei Stunden im Tiefflug über Frankreich fliegen. Jetzt bot sich eine Alternative: Am Horizont weit und breit keine Gewitter- oder hohen Wolken mehr! Ich blieb einfach in meiner Höhe und besorgte mir von Luxemburg eine Freigabe durch deren Luftraum. Luxemburg war das Nadelöhr auf dieser Route. Wegen militärischer Sperrgebiete konnte ich weder südlich, noch weiter nördlich nach Frankreich durchfliegen.

Hinter Luxemburg ging es noch durch einen Sektor von Brüssel, dann war ich bei France Information auf der Frequenz. Ein freundliches Bon Jour meinerseits kam gleich als Bumerang in Form eines französischen Redeschwalls zurück. Erst nach einem freundlichen: "Sorry, D-EGKK, English Language only." sprach die Dame wieder eine lebendige Sprache. Hinter Luxemburg kam bald der Flugplatz von Sedan und unter mir wurden die Lücken in den Wolken immer kleiner (irgendwann würde ich mal runter müssen). Bei Sedan war das letzte große Wolkenloch. Vor mir ein wunderschönes Meer aus flachen, tiefen Cumuluswolken bis zum Horizont.

Über den Wolken auf dem Flug Worms – Le Touquet

Die Fluglotsin rief für mich in Le Touquet an und bestätigte das aktuelle Wetter dort: Sichtflugbedingungen, nur vereinzelt Wolken (scattered clouds). Das würde mir später den Sinkflug nach Sicht ermöglichen. Aber aus mehreren Gründen erschien es mir eine gute Idee, wieder meinen allerersten Plan raus zu holen: Der Flug nach Instrumentenflugregeln. Bereits über Hahn hatte ich daran gedacht, aber wer einen ungeplanten Flugregelwechsel in Deutschland schon mal probiert hat, weiß, wie die Fluglotsen sich anstellen können. Also habe ich mit meiner Anfrage bis Frankreich gewartet. Ich bekam einen Frequenzwechsel nach Lille Control und von dort wie gewünscht einen Steigflug auf FL080. Auf die Anfrage nach einer irgendwie gearteten "IFR Freigabe" (ich flog immer noch direkt nach Le Touquet), kam eine direkte Freigabe nach „LT", dem Funkfeuer für den Instrumentenanflug.

Wunderbar! Die Sonne schien, glasklare, ruhige Luft, strahlend blauer Himmel und ein friedlich schnurrender Motor. Der Autopilot flog und alle Hausaufgaben waren bald gemacht: Treibstoffverbrauch kontrolliert, Triebwerksinstrumente in Ordnung, Navigationscomputer programmiert, Anflugkarten auf dem iPad studiert. So blieb noch ausreichend Zeit, die Wolkenformationen zu bestaunen und die Trauben zu essen, die ich von zu Hause mitgenommen hatte.

Nach dem Essen holte ich mir die Sinkflugfreigabe und ab ging es hinunter in die bauschigen Wolken. Über dem Flugplatz konnte ich unten kurz die Landebahn durch ein Wolkenloch erspähen, dann war ich schon über dem Meer. Hier waren fast keine Wolken mehr. Ich flog einen ILS Anflug mit anschließendem Circling (Platzrunde) auf die Bahn 32.

Nach zwei Kurven über dem Meer war ich auf dem Endanflug für das Instrumentenlandesystem. Während 6 Meilen voraus der Flugplatz und die Stadt in Sicht kamen, konnte ich einem Fehler bei der Arbeit zusehen, den ich schon mal bei einem IFR Flug hatte. Als ich das Fahrwerk ausfuhr (die Hydraulikpumpe fährt elektrisch) kam das Low Voltage Warnlicht an (dieses Warnlicht hatte ich nach dem letzten Zwischenfall für genau diesen Zweck einbauen lassen, in

England ist es für IFR Flüge vorgeschrieben). Ein kurzer Spannungsabfall beim Fahrwerk-Ausfahren ist normal, auch beim Einfahren kommt das Licht kurz an, geht aber wieder aus, wenn die Pumpe aufhört zu laufen. Jetzt blieb das Licht an. Das Fahrwerk war unten und verriegelt, der Motor lief nicht mehr. Die Hauptsicherung für den Stromgenerator war rausgesprungen. Wegen dem Flug durch die Wolken hatte ich die Pitot-Heat, also den Vereisungsschutz für das Staurohr (Geschwindigkeitsmessung) eingeschaltet, einen der größten Stromverbraucher. Der nächste große Verbraucher ist der Landescheinwerfer, den ich als Kollisionsschutz immer eingeschaltet habe. Kommt nun der Fahrwerksmotor dazu, wird der Generator überlastet und die Sicherung fliegt raus. Bemerkt man das nicht, ist nach 30 Minuten die Bordbatterie leer und Funk- und Navigationsausrüstung, der Fahrwerksmotor und einige wichtige Instrumente fallen aus – daher jetzt das neue Warnlicht. Ich habe also dazugelernt, dass sich Fahrwerkfahren und Vereisungsschutz nicht vertragen. Nachdem ich die Pitot-Heat ausgeschaltet habe, lies sich die Sicherung wieder einschalten.

Der Flugplatz von Le Touquet liegt an einer Flussmündung, direkt am Meer. Darum, und weil er so nahe an der Stadt ist, habe ich ihn für den ersten Stopp ausgewählt. Es ist nicht weit bis Calais, das ich aus vielen Reisen mit meiner Frau und den Kindern kenne. Le Touquet ist eine Stadt, die sich durch schöne alte Häuser, friedlichen kleine Strassen, den langen Sandstrand und nicht zuletzt durch seine Übersichtlichkeit auszeichnet - nach einem Spaziergang

Straßencafes in Le Touquet,
hier schrieb ich die erste Positionsmeldung

Die Markthallen, ein architektonisches Markenzeichen der Stadt

von einer Stunde hat man das Meiste gesehen. Der Strand ist menschenleer, die Saison hat noch nicht angefangen. Aber die Ruhe hier ist ideal, um sich von einem spannenden Flug auszuruhen.

Am Flugplatz wurde ich im Büro freundlich begrüßt, und konnte mir dort gleich ein Fahrrad ausleihen. In nur 15 Minuten war ich mit dem Fahrrad im Hotel. Und jetzt sitze ich hier in der Sonne draußen vor einem Cafe, und schreibe Euch was auf – nicht dass Ihr denkt, das geht jetzt jeden Tag so lange…

Der erste Flugtag der Reise war ein voller Erfolg und hat mir – nach einigen Bauchschmerzen vor der Abfahrt wegen dem Wetter – vom Start bis zur Landung viel Freude gemacht. Ich bin überrascht, dass die Franzosen hier so gut Englisch können. Vielleicht liegt das daran, dass der Ort hier am Kanal liegt, quasi dem Zebrastreifen für die kleinen Flieger, die im Sommer in Scharen aus England rüberkommen. Und morgen werde ich es sein, der über den Kanal nach England fliegt.

Damit niemand verloren geht, gibt man hier immer einen Flugplan auf und meldet sich ordentlich bei den Engländern an. Der Flug über Wasser ist auch der Grund, warum ich neben den Schwimmwesten ein Rettungsfloss und einen satellitentauglichen Notsender mit GPS an Bord habe. Dabei ist der Kanal ja nur eine schmale Wasserstrasse. Die längste Strecke über Wasser wird der Flug von Dublin auf die Insel Isle of Man sein (70 Nautische Meilen, ca. 40 Minuten über Wasser).

Viele liebe Grüsse aus Le Touquet, dem "Strand von Paris"

Dienstag, 19. Juni 2012

2. Tag – Zwei wunderschöne Flüge über Südengland...

Heute ist Abschied von Le Touquet, einem Paradies für Privatpiloten. Morgens beim Frühstück im Hotel mache ich die Flugplanung: Heute geht's über den Kanal nach England! Tankstopp in Cardiff und dann gleich weiter nach Cork in Irland. Heute ist die Strategie anders: Ich will nach Sicht unter den Wolken bleiben. Flugpläne gebe ich übers Internet mit RocketRoute auf. Geplante Abflugzeit 11 Uhr lokal. Ich muss ja noch Tanken. Für Cardiff habe ich eine Bodenzeit von einer Stunde eingeplant.

Nach dem Frühstück Auschecken im Hotel und in 15 Minuten mit dem Fahrrad durch wunderschöne grüne Villenviertel zum Flugplatz. Das Tanken geht schnell, Rechnung bezahlen auch. Die Landung hat 25 Euro gekostet, das Parken über Nacht 10 Euro. Ich fülle noch einen Liter Öl nach, dann kann ich noch ein wenig rumhängen. Ein Anruf beim Handlingagent in Cardiff funktioniert nicht, aber das ist auch egal. Um die Handling-Gebühren kommt man dort nicht rum (mandatory handling).

Motoranlassen um 1055 lokal. Pünktlich um 1100 an der Startbahn 32. Es ist windstill, so habe ich mir die Startrichtung selbst ausgesucht: Abflug Richtung Meer. Auch die Abflugfreigabe bekomme ich wie

21

Mein Arrow Cockpit über der Südküste Englands

Arbeitsplatz in der Luft:
Navigation mit dem iPad, Schreibarbeiten auf Papier

gewünscht. Nach dem Start will ich nach rechts über dem Meer parallel zur Küste steigen und dann an einer schmaleren Stelle des Kanals rüber nach England. Ich habe das crossing über den Wegpunkt SO-VAT geplant, ein Meldepunkt draußen auf dem Meer vor Boulogne an der Grenze zum englischen Luftraum. Von dort will ich nach Lydd rüber fliegen.

Die Startfreigabe kommt und gleich darauf eine Verzögerung: Vor mir kreisen riesige Schwärme kleiner Vögel über der Bahn. Hunderte weitere sitzen daneben im Gras. Ich sage dem Tower Bescheid und setze die Parkbremse. Über Funk höre ich, wie der Towerlotse offenbar vergeblich auf französisch den Vogelverscheucher ruft. Über der Startbahn ist dichter Vogel-Flugbetrieb. Nach 5 Minuten Wartezeit machen die Vögel Pause und ich kann starten. Was für ein schöner letzter Blick auf Le Touquet zur Linken, die Flussmündung und den Strand zur Rechten! Ich steige an der Küste entlang gleich auf einen passenden "quadrantal level" für England, in diese Richtung ist FL 40, also 4.000 Fuß gut. Bei SOVAT geht's noch mal 500 Fuß hoch auf 4.500 Fuß. Für den Funkverkehr haben sich die Franzosen offenbar mit den Engländer abgestimmt, dass der Transfer nach "London Information" nicht an der Luftraumgrenze, sondern erst "midchannel" erfolgt. Das macht auch Sinn. Bis zur Mitte würde ja sowieso jeder Pilot bei z.B. einer Motorstörung umkehren.

Gleich bei SOVAT kann ich schon die englische Küste in der Ferne erahnen. Bald bin ich außer Gleitflugreichweite beider Küsten. Wie bei allen Flügen über Wasser fliege ich mit Schwimmweste angelegt, daran eingehakt mein Notsender. Bei einem Motorausfall bliebe für die vorne Sitzenden keine Zeit, die Weste anzulegen. Für die Arrow habe ich zwei bequeme Dauertrage-Schwimmwesten, die wie mein Rettungsfloss aus dem Sportbootbereich kommen. Die Westen sind nur manuell auslösbar. Das ist in der Fliegerei wichtig, denn mit einer automatischen Weste käme man nach einer Wasserung echt in Schwierigkeiten, wenn die noch im Flugzeug auslösen würde. Bei meinen Schwimmwesten gibt es übrigens eine kleine bürokratische Besonderheit: Sie sind illegal. Denn für ein Luftfahrtzeug müssen Rettungswesten mit einem Licht ausgerüstet sein (obwohl ich nur tags fliege). Dafür schreibt der Gesetzgeber aber nicht vor, dass man sie während dem Flug tragen muss (Wahrscheinlich hat der Gesetzgeber noch nie vorne in einer engen Piper gesessen). So sind alle glücklich. Für den echten Notfall habe ich immer die Weste an, und für die Vorschriften noch zwei legale in Plastik verschweißte Airlinerwesten in der Sitztasche.

Höher als 4.500 Fuß geht nicht, weil über England ab 5.500 kontrollierter Luftraum ist, wo ich nicht rein will. Außerdem sind über Land Wolkenuntergrenzen um die 2.000 Fuß gemeldet, wo ich später wieder drunter will. Die gewählte Höhe ist gut und ich habe einen schönen Überblick über die englische Küste, die ich etwa 25 Minuten nach dem Start erreiche. Hier beginnt ein besonders schöner Teil meiner Flugreise: Es geht immer an der Küste lang nach Westen, vorbei an all den schönen Städten, von denen ich schon viele mit meiner Frau und den Kindern besucht habe:

ein stillgelegter Flugplatz: RAF Thorney Island airfield

alleine für diesen Ausblick hat sich der Flug schon gelohnt:
Einfahrt in den Portsmouth Harbour mit dem Spinnaker Tower

Es geht vorbei an Hastings, Eastbourne, Brighton – Richtung Isle of Wight. Zwischen dieser Insel und England sinke ich dann auf 2.000 Sightseeing-Höhe und erhalte die Freigabe, entlang der Küste "nicht über 2.000 Fuß" an Christchurch, Bournemouth und Poole vorbeizufliegen, gerade außer- und unterhalb des kontrollierten Luftraums in dieser Gegend. Bald sehe ich den Strand von Sandbanks und biege dann hinter der Kontrollzone von Bournemouth nach rechts ab ins Landesinnere. Hier ergibt sich die einmalige Gelegenheit für mich, die Ruine von Corfe Castle von oben zu sehen. Das ist nicht ganz einfach, weil Corfe eingezwängt zwischen der Kontrollzone und einem militärischen Sperrgebiet liegt. Dazu muss ich wegen der Wolken weiter runter auf 1.500 Fuß, das gibt in dem jetzt hügeligen Gelände spektakuläre Aussichten. Endlich habe ich die dicht besiedelte und -beflogene Küste hinter mir. Ich besorge mir eine Freigabe zum Durchflug einer militärischen Kontrollzone, was mir einige Meilen an Flugstrecke spart, und habe nun direktem Kurs auf Cardiff.

Cardiff, die etwas teurere Tankstelle: Warum lande ich überhaupt in Cardiff? Erst einmal, weil ein Nonstop-Flug von Le Touquet nach Cork nicht ohne ausreichende Treibstoffreserven machbar wäre. Cardiff liegt genau in der Mitte. Von dort sind es 2 Stunden bis Le Touquet und 2 Flugstunden bis Cork. Dann hat Cardiff Instrumenten-Anflugverfahren. Die wollte ich auf jeden Fall habe, denn ich wäre auch bei geschlossener Wolkendecke geflogen, um nach Irland zu kommen. Dann hat Cardiff Flugbenzin (Avgas), das einige der kleineren Flugplätze nicht haben. Und Cardiff ist noch eher "billig", verglichen mit Bristol nebenan. Also was hat's gekostet? Tobias wird sich sicher noch erinnern, dass wir mal wegen eines Toilettenbesuch meinerseits in Donaueschingen zwischengelandet sind. Das hat damals 10 Euro Landegebühr – quasi für's Häuschen – gekostet. Hier haben die 10 Euro nicht mal für die "airport fee" (was immer das sein mag) gereicht. Neben der Landegebühr von 35 Euro wurde eine Handling Fee von 112 Euro berechnet! Und da war der Tankschlauch noch nicht mal dran. Tanken geht extra. Und der Sprit kostet in Cardiff soviel wie in Peenemünde – fast 3 Euro der Liter. Zum Glück brauchte ich nur wenig nachtanken, ich hatte den Flieger in Le Touquet viel billiger vollgetankt. Die einzige Gegenleistung für die 112 Euro war, dass im Office mein Pass für die Polizei kopiert wurde. Nach einer Bodenzeit von 52 Minuten war ich wieder unterwegs.

Von Cardiff aus ging es über Swansea zum Funkfeuer Strumble an der englischen Küste. Ich musste wegen der tiefen Cumulus-Bewölkung in 1.500 Fuß fliegen, so war ich eine Zeitlang ohne Funkkontakt. Aber die Lotsen hatten ja meinen Flugplan. Über der Irischen See riss dann die Bewölkung auf und ich konnte auf 4.000 Fuß steigen. Autopilot an, Funkverbindung wiederhergestellt und endlich Mittagessen: Ich hatte noch leckere Frikadellen dabei, die meine Frau am Wochenende gemacht hatte – lecker, vor allem in einem Restaurant mit so einer schönen Aussicht auf's Meer.

mit Erreichen der Irischen See kann ich endlich steigen...

über der irischen Südküste: Einfahrt Waterford Harbour

In der Mitte über dem großen Wasser auf dem Weg nach Irland bekam ich Kontakt mit Shannon. Ich sah die irische Küste und nahm Kurs auf den Flughafen von Waterford, durch dessen Kontrollbezirk ich mir eine Freigabe besorgt habe. Dann sprach ich schon mit Cork! Es war nur noch ein kleines Stück entlang der Autobahn (Irland ist echt klein) und schon war ich da. Weil grade eine Ryan Air Maschine landete, musste ich am Stadtrand ein paar Kreise drehen. Dann war ich schon unten. Gesamtflugzeit von Le Touquet knapp unter 4 Stunden.

Jetzt habe ich einen ganzen Tag frei in Cork und kann bummeln gehen, ohne Flugplanung zu machen. Mehr noch: Ich werde einen weiteren Tag in Cork verbringen. Ich habe mein Hotelzimmer schon verlängert. Das ist die erste unplanmäßige Änderung – so was kenne ich ja schon von Skandinavien im letzten Jahr. Dieses Mal ist es ein Schlechtwettergebiet, das am Donnerstag über Irland hinweg ziehen wird. Dem zum Opfer fällt leider mein Traumziel hier in Irland, die Landung und Übernachtung auf der kleinen Insel Inishmore im Atlantischen Ozean gleich vor der Irischen Küste (14 km lang, 800 Einwohner). Die Bahn dort ist nur 500 Meter lang und ich hatte dafür extra bei identischem Gewicht in Worms Kurzstarts und -Landungen trainiert. Das Problem mit Inishmore ist nun, dass es nach der Prognose unwahrscheinlich ist, dass ich überhaupt am Donnerstag dorthin fliegen kann. Und ganz schlecht wäre, ich schaffe es dorthin, komme dann aber am Freitag nicht mehr von der Insel weg.

So habe ich gleich vom Hotel in Cork aus die Hotelbuchung auf der Insel storniert. Ich will am Freitag, statt von der entlegenen Insel aus, eventuell auch IFR von Cork aus nach Dublin fliegen, wo dann Tobias am Samstag in die Tour einsteigen wird.

Jetzt hänge ich Euch noch ein Bilder des Tages an und verabschiede mich für ein paar Ruhetage. Über die weiteren Flüge werde ich dann wieder berichten...

An dieser Stelle muss ich mich vielleicht entschuldigen: Für die Flieger unter Euch ist manches vielleicht zu kurz gekommen, und für die Anderen vielleicht zu alles etwas zu fluglastig? Aber was soll ich machen? Es ist halt ein Fliegerurlaub...

3. Tag – Spaziergang durch das University College Cork

Am heutigen Morgen finde ich den Himmel erst einmal mit Wolken verhangen vor. Es nieselt leicht, als ich zum Frühstück runtergehe. Nach einem leckeren, gemütlichen Frühstück mit Tisch am Fenster mache ich mich fertig für eine Erkundung der Stadt. Draußen ist es windstill und gar nicht kalt. Der Nieselregen ist weniger geworden und hört bald ganz auf.

Da der Tag noch jung ist, entscheide ich mich erstmal nicht in Richtung Innenstadt zu laufen (da war ich gestern Abend schon mal), sondern am Fluss entlang in die andere Richtung zu gehen. Eine gute Entscheidung, denn bald stehe ich an einem großen, schmiedeeisernen Tor. Dahinter erstreckt sich ein weitläufiger, grüner Park mit hohen, dichten Bäumen und vielen alten Gebäuden.

Ich habe den Campus des University College von Cork gefunden! Hier gibt es viel zu sehen. Erst einmal für Gartenliebhaber wunderschöne Blumenbeete, dichtester, dunkelgrüner Rasen und eine Unzahl richtig alter Bäume. Bald stehe ich vor dem "Main Quadrangle", dem großen, U-förmigen Hauptgebäude, erbaut um 1850 in neogotischem Stil. Das sieht aus wie bei Harry Potter! Und als ich dann noch am Tor auf eine Gruppe Schüler treffe, die grade rumge-

31

Cork University Collage - alterwürdig...

...und hypermodern

führt werden, ist der Eindruck perfekt: Schuluniformen mit schwarzem Harry Potter Umhang! Ich schlendere ein wenig durch die Korridore. In der Aula Maxima sitzen grade Studenten bei einer Prüfung, da kann ich leider nicht rein.

Inmitten des "U" dieses großen Gebäudes wird eine riesige Bühne im Gras aufgebaut. "Für ein Konzert", wie mir ein Mann erzählt, der grade vorbeikommt. Wir plaudern ein wenig über die clevere Bühnenbau-Technik. Der Mann heißt Pat und arbeitet hier an der Uni. Dass ich aus Deutschland komme, hat er mir schon nach dem ersten Satz gesagt, den ich gesprochen habe. Ich erzähle ihm vom Zweck meine Reise und von ihm erfahre ich, dass er in der Universitäts-Bibliothek arbeitet. Als er erfährt, dass ich auch mit Büchern zu tun habe und ein Internet-Antiquariat mit mehr als 4.000 Titeln betreibe, ist Pat nicht mehr zu halten: Ich müsse unbedingt seine Bibliothek sehen, er habe mehr als eine Millionen Bücher. Und so bekam ich gleich eine Führung durch die heiligen Hallen der Bücher, untergebracht in einem hypermodernen Neubau, der wunderbar zu den alten Bauten passt. Als ich meine Bewunderung über die Architektur rauslasse, freut sich Pat, denn das sei gerade noch gebaut worden, "als noch Geld da war" (2008).

Irgendwann muss Pat wieder an seine Arbeit und verabschiedet sich freundlich. Eine schöne Begegnung. Nach einem letzten Blick auf das alte Crawford Observatory im Park laufe ich zurück die Stadt. Nach 6 Stunden zu Fuß unterwegs bin ich jetzt wieder im Hotel und werde mein Zimmer nur noch zum Abendessen verlassen…

4. Tag – Cork, eine mittelalterliche Stadt

Heute ist Ruhetag, das heißt keinesfalls "Schlafen" sonder "nicht fliegen". Schade eigentlich, denn heute wäre der Flug auf die einsamen Aran Islands dran gewesen. So habe ich noch was für später, man muss ja immer noch ein paar Reiseziele in Reserve haben.

Grund für den Flugausfall ist das Tiefdruckgebiet, das heute über Irland hinweg zieht. Es gibt sehr tiefe Wolken mit Regenschauern, die Sichtflüge schwierig bis unmöglich machen. Außerdem zieht das Tief in nordöstliche Richtung, ich würde also dem schlechten Wetter fast hinterher fliegen. Muss ja nicht sein. Daher habe ich meine Unterkunft auf der Insel Inishmore gestrichen und einen Tag in der Lancaster Lodge in Cork angehängt.

Heute morgen gleich nach dem Frühstück mache ich mich auf den Weg in die Innenstadt. Ich habe mir die längste der beiden Stadtrundfahrten im Cabrio-Doppeldeckerbus ausgesucht. Mit mir fährt ein tapferes Paar aus England auf dem Oberdeck. Die machen mit dem Auto "Irland in 7 Tagen". Da ich schon einen Tag länger hier bin, kann ich gleich als Reiseführer anfangen.

Die Tour ist schön, wir sitzen geschützt unter dem vorderen, überdachten Teil des oberen Decks. Wegen dem Regen gibt's leider kaum Fotos für Euch. Pech. Müsst Ihr leider selber her kommen. Die Stadt liegt im Flusstal des River Lee. Cork bedeutet soviel wie Marsch, und tatsächlich haben wir weiter flussabwärts noch Teile der ursprünglichen modrigen, weiten Flusslandschaft vorgefunden. Die ersten Siedler waren Mönche im 6. Jahrhundert, kurz darauf fielen die Wikinger ein und gründeten eine Handelsstation. Die Wikinger bauten auch die ersten Steinhäuser, vor über 1.400 Jahren. Noch heute gibt es eine kleine Gasse, die aus dieser Zeit übrig ist.

Im 12. Jahrhundert wurde die Siedlung von Englischen Siedlern "übernommen". Es entstand eine kleine Stadt mit Stadtmauer, die immer wieder neu aufgebaut werden musste, weil sie gelegentlich – wie viele Städte im Mittelalter – mal abbrannte. Das heutige Stadtzentrum entspricht dem Gelände der mittelalterlichen Stadt. Es liegt auf einer Insel zwischen zwei Flussarmen, und an einer Stelle in einem Park kann man noch Ausgrabungen der alten Stadtmauern sehen. Die Einwohnerzahl im 12. Jahrhundert lag bei etwa 2.000 Personen, eine "englische" Siedlung inmitten einer feindlich gesinnten Gälischen Umgebung. Die Einwohner hatten eine friedliche Art der "Kriegsvermeidung" gefunden: Man zahlte Schutzgelder, um nicht überfallen zu werden.

In späteren Jahrhunderten wurde um Cork immer viel gekämpft, irische Freiheitskriege, ein ständiges Hin und Her um die Vorherrschaft von Katholiken und Protestanten. Auch die Pest war hier zu Gast, und in einer Weinhandlung sogar mal die englische Königin: Im Schaufenster hängt ein Foto davon.

Unsere Bustour führte auch weit außerhalb der Stadt zum Black Rock Castle, das früher die Flusseinfahrt bewachte, als Leuchtturm fungierte und heute ein Observatorium beherbergt.

Nach der interessanten Bustour ging ich erst mal ins Kino. Anschließend besuchte ich noch eine Kirche, die mir schon bei der Flugvorbereitung auf den Satellitenbildern von Google Earth aufgefallen ist. Sie hat mehrere wunderbare Kuppeln und sieht eher wie eine orientalische Moschee aus. Innen finde ich sie sehr schön. Ich werde ein paar Fotos hoch laden.

Der Tag endete für mich später beim Abendessen in einem Pub mit dem Fußballspiel Portugal gegen Tschechien...

Natürlich habe ich den ganzen Tag immer wieder die Wetterprognosen verfolgt. Ich will endlich weiterfliegen!

5. Tag – verschollen im sonnigen Cork

Heute ist ein schöner Morgen. Die Sonne scheint, weiße Schäfchenwolken ziehen am Himmel über Cork vorbei – ohne mich. Heute ist ein schlechter Tag, denn ich kann nicht fliegen. Den großen Teil des Vormittags verbringe ich nach dem Frühstück im Zimmer, um in den Weiten des Internets doch noch eine günstige Wettervorhersage für Dublin zu finden. Es will nicht gelingen.

Gestern war das Problem die tiefen Wolken. Weston – quasi das "Egelsbach" Dublins – verfügt nur über einen VOR Anflug, der einen bis zum Platz bringt. Dann ist ein Circling, also eine Platzrunde auf die Landebahn erforderlich. Die Mindesthöhe für das Circling beträgt 600 Fuß, vorhergesagt waren teilweise 300 Fuß Wolkenuntergrenzen. Gestern hatte ich versucht, eine vorhergesagte Wetterlücke am Nachmittag zu nutzen, um nach Dublin zu fliegen. Aber auch das hat sich zerschlagen. Die aktuellen Berichte von Dublin International, der nahe bei Weston liegt, waren grottenschlecht.

Heute ist die Situation anders: Das Tief ist durch, die Wolken weg, dafür kommt jetzt der Wind. Die Vorhersage für Dublin seit 2 Tagen lautet: Wind aus 320 Grad mit 25 Knoten, Böen bis 35 Knoten. Weston hat eine Landebahn 25, also kommt der Wind fast voll von der Seite. Die maximale vom Hersteller der Arrow demonstrierte Seitenwindkomponente beträgt 17 Knoten. Da also in Dublin nichts zu machen war, versuchte ich es mit Waterford. Ich wollte bloß ein wenig in diesem schönen Wetter fliegen. Waterford liegt nahe am Meer, etwa auf halber Strecke nach Dublin. Über Telefon kann man dort die ATIS anrufen, die automatische Wetteransage, die am Flugplatz selbst für die anfliegenden Maschinen über Funk ausgestrahlt wird. Nur 15 Knoten Wind. Wie schön!

Aber es gibt für Waterford keine Vorhersagen. So habe ich dann meine Wetterseite (Ihr Flieger: was besseres gibt's für Europa nicht: www.Topmeteo.eu, früher "Wetter-Jetzt") im Internet befragt. Und auch da war Sturm angesagt. Dabei hatte ich so ein schönes, kleines und billiges Hotel am Meer gefunden...

Um 12 Uhr fiel ich dann die Entscheidung, einfach in Cork noch einen weiteren Tag anzuhängen. Mein schönes Hotel war leider ausgebucht, ich musste raus. Aber gleich um die Ecke, ein paar Häuser weiter, fand ich ein Zimmer in einem kleinen Bed & Breakfast für die nächste Nacht. Ich brachte rasch meinen Rucksack dorthin und ergab mich in mein Schicksal nicht-fliegend hier zu bleiben. Ein letzter Blick ins aktuelle Wetter von Dublin: 40 Knoten Seitenwind! Schwamm drüber... Aber hier ist er nicht schlecht, der Tag. Ich gehe ins Stadtmuseum, schlendere am Fluss entlang, lasse mich von der Sonne bescheinen und mache Fotos für diesen Blog.

Dann lasse ich mich für ein Stück Rhabarber-Torte in einem kleinen Kaffee nieder und lese zum Selbst-quälen einen Artikel in einer Irischen Fliegerzeitung über das Fliegen auf den verpassten Aran Islands...

Cork bietet moderne Fußgängerzonen...

...und alte Läden und Cafes

Cork hat unendliche viele Pubs und Lokale

Irgendwann ist es Zeit für ein kleines Abendessen in einem Restaurant in der Fußgängerzone. Alles ordentlich getimed mit dem abendlichen Fußballspiel, das hier um 1945 Uhr losgeht. Und zu dem bin ich dann in einer ganz besonders schönen irischen Kneipe. Von draußen hat mich irische Livemusik reingelockt. Nachdem ich mich versichert habe, dass auf dem großen Flachbildschirm über der Theke der richtige Kanal läuft (vorne über den Musikern lief nonstop Pferderennen!), habe ich mich an der Bar gemütlich eingerichtet.

Zu dem Iren neben mir meinte ich, so hätte ich noch nie Fußball geguckt: Wie Stummfilm – ohne Ton – aber statt dem Klavierspieler vor der Leinwand hier eine traditionelle irische Band. Aber es war wunderbar. Unsere Jungs haben gut gespielt, und die Musik war toll. Der Bildschirm übrigens war in einem riesigen, viktorianischen goldfarbenen Bilderrahmen eingefasst. An der Bar gab es Zapfhähne für 11 verschiedene Biersorten und die Kühlschränke dahinter quollen über vor weiten Getränken. Direkt neben mir auf der Theke wechselten die vollen Gläser für die Leute hinter uns die Besitzer. Leute, was haben die Gebechert! Und nicht nur Bier. Wir paar Deutsche wurden ordentlich gelobt, wegen unserer tollen Mannschaft.

Am Schluss ging's für mich müde und glücklich über unseren Sieg zurück auf mein Zimmer und für mein iPhone (vom Fotografieren leer) ans Ladegerät. Endlich konnte ich wieder mit zu Hause Kontakt aufnehmen. Welcher Schreck in der Abendstunde! Ich galt als verschollen! Tobias wusste, dass ich u.U. heute nach Weston fliegen wollte. Und da er in meinem Hotel in Cork nur erfahren hat, ich hätte ausgecheckt, nahm er an, ich sei losgeflogen! Und er kannte die Wettermeldungen aus Dublin! Nun ja, nach ein paar Telefonaten war die Familie wieder beruhigt.

Gute Nacht!

6. Tag – IFR durch die Wolken nach Weston

Der 23. Juni beginnt eigentlich schon am späten Abend des Vortages: Tobias, der das Wetter entlang meiner Route von zu Hause aus aufmerksam verfolgt, hatte mich darauf hingewiesen, dass seiner Meinung nach der Wind in Dublin am 23. nachmittags wieder auffrischen würde. Ich checke also noch mal alle Wetterprognosen und lege den Start auf 10 Uhr lokal fest. Schnell gebe ich – noch vor dem Schlafengehen – den Flugplan auf. Dann noch eine email an die Handlingfirma, wann ich los will. Die Vorhersagen bieten 1.000 Fuß Wolkenuntergrenze bei guter Sicht, dennoch habe ich sicherheitshalber gleich für einen Instrumentenflug geplant.

Der Wecker klingelt um 7 Uhr, der Rucksack ist gepackt, schnelles Frühstück, ein letztes Blick auf das Satellitenbild und um 0815 Uhr sitze ich im Taxi. Der Fahrer ist gleich außer sich, als ich ihn bitte, nicht zum Terminal, sondern zur General Aviation Ramp zu fahren. Als er erfährt, dass ich mit meiner eigenen Maschine über Dublin bis nach Schottland fliegen will, ist er nicht mehr zu halten. Ob ich nicht noch einen Platz für ihn frei hätte? Ich meinte dann, dass die meisten Leute eher Angst hätten, in so einem kleinen Flugzeug mitzufliegen. Das sei bei ihm anders. Er liebe Maschinen. Am besten finde er den Start, wenn sich die Maschine vom Boden erhebt. Die Fahrt war also nicht nur kurz, sondern sehr kurzweilig.

Meine IFR-Flugplanung nach Weston auf der Streckenkarte

Die Arrow wartete geduldig auf dem Vorfeld im Cork...

Am Container der Handling Firma ist kein Mensch da. Die Tür ist auf, die Büros viel zu warm, es gibt einen Crew-Aufenthaltsraum mit Getränken, Cockies und Fliegerzeitschriften. Ich will zu meiner Maschine, das geht aber nicht, weil die im abgeschlossenen Sicherheitsbereich steht. Ich rufe meinen Handling Agent Gerry von South Aer Services über's Handy an: Ja sorry, er stecke mit einer Jet-Crew drüben im Terminal noch bei den Sicherheitskontrollen, ich müsse mich noch ein wenig gedulden.

Der Morgen ist stark bewölkt, aber schön. Draußen riecht es nach Kühen und die Vögel zwitschern. Ich setzte mich auf das Treppengeländer vor der Tür und entspanne mich. Hier ist jetzt noch absolute Stille. Nach etwa einer viertel Stunde Wartezeit kommt Garry. Kein Problem für mich, ich war früh genug da. Ich zahle die Rechnung für 72 Liter Sprit, für Handling, Landen und Parken. Hier in Cork bin ich gegenüber Cardiff verhältnismäßig billig weggekommen: Parken 10 Euro je Tag, Landegebühr 16,80 Euro und für das Handling insgesamt 30 Euro. Gerry ließ mich aufs Vorfeld und wünschte mir einen guten Flug.

Nach vier Tagen draußen im Freien verzurrt fand ich bei meiner Arrow beim Drainen der Tanks erstmals Wasser. Im rechten Tank kam erst nach einem halben Becher Wasser der erste Sprit aus dem – neuen – Ablass-Ventil. Wahrscheinlich war der Tankdeckel nicht ganz dicht und es ist bei dem vielen Regen etwas Wasser eingedrungen. Kein Problem, dafür ist der Check ja da. Das Wasser sammelt sich immer am Drain-Valve, das an der tiefsten Stelle im Treibstoffsystem eingebaut ist. Kommt da keins mehr raus, ist keins mehr drin... Ich binde mein Flugzeug los, verpacke Leinen und Bremsklötze, Pitot-Cover, und verstaue Rucksack, Jacken und Unterlagen im Cockpit. Dann noch der Outside-Check und ich bin bereit zum Anlassen. Es ist 9 Uhr UTC, pünktlicher als bei der Lufthansa lasse ich den Motor an. Dann hole ich vom Tower die IFR Freigabe. Es gibt eine Standard-Abflugstrecke, Steigflug auf 5.000 Fuß, ich bin freige-geben bis Weston. Nun lasse ich mir etwas Zeit die Flugstrecke in meinen Bordcomputer zu programmie-ren. Ich setzte alle Funkgeräte, lege die Karten zu-recht, mein Kniebrett mit der ATIS, der Flugstrecke und den geplanten Flugzeiten. ich fliege ganz alleine durch die Wolken, da habe ich keinen Copiloten da-bei, der mir unterwegs zuarbeitet. Mir wird auf ein-mal klar, dass ich bei einer Stunde Flugzeit vielleicht drei Stunden mit den Vorbereitungen verbracht habe. Aber das macht gar nichts, denn ich freue mich riesig, dass der Motor läuft und es endlich losgeht...

Inzwischen ist ein ordentlicher Schauer reingezo-gen und ich bin froh, dass ich IFR geplant habe. Der Regen stört mich nicht, es gibt keine Gewitter, der Wind ist in Limits. Aber dann, während ich Gas für den Probelauf gebe, sehe ich, wie schöne, klare und fette Wassertropfen aus der – neuen – Türdichtung über dem Copilotensitz tropfen. Im Nu ist mein iPad und meine Karten nass. Aber es ist ja nur Wasser... Ich habe noch Zeit alles abzutrocknen, denn ich muss noch 15 Minuten an der Startbahn auf zwei Verkehrs-flugzeuge warten, die nacheinander im Regen landen. Dann bin ich endlich dran. Zum ersten Mal starte ich in der Arrow im Regen. Die Sicht ist gut. Die Bahn ist lang. Bald bin ich über tiefgrünen Weiden im Steigflug. Eine Minute nach dem Abheben verschwindet die Arrow in 800 Fuß Höhe in den Wolken.

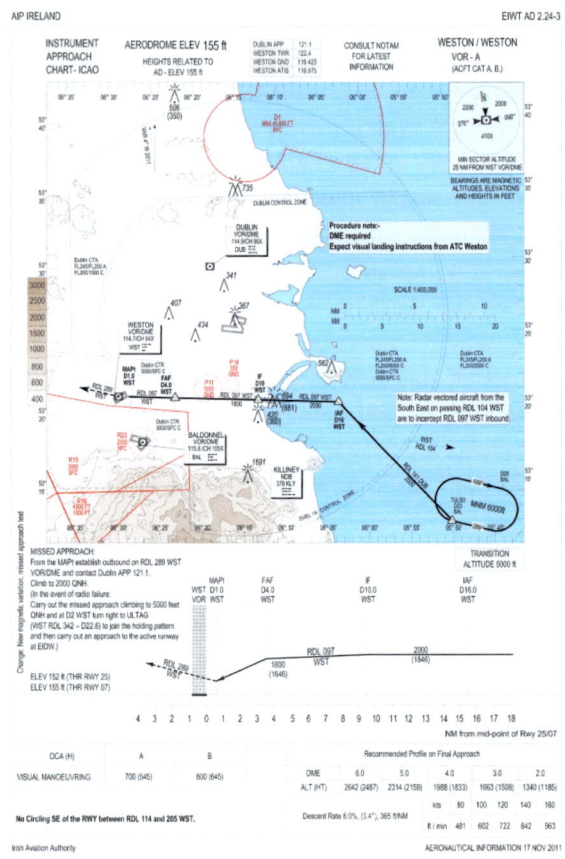

Der VOR-A Anflug in Weston führt mitten über Dublin...
(AIP Ireland)

In 10 Minuten habe ich mit der vollgetankten Maschine FL 080, also 8.000 Fuß oder 2.400 Meter Höhe erreicht. Die Außentemperatur ist minus drei Grad

Celsius und an der Flügelvorderkante bildet sich eine hauchdünne Reifschicht. Nichts Beunruhigendes, es wird nicht mehr. Ich könnte runter auf FL 060, wo es wärmer ist. Aber hier oben komme ich wie erwartet bald aus den Wolken heraus und fliege zwischen zwei Wolkenschichten in klarer Luft. Ich bin ganz alleine hier. Die Anderen, die Verkehrsflieger, sind alle viel höher. Ich höre ab und zu einen im Funk von Shannon Control. Es ist sehr angenehm, alleine hier oben zu sein. Man ist ganz auf sich gestellt. Ein schönes Gefühl. Was möchte ich heute mehr?

Für Weston habe ich den "VOR A" Anflug vorbereitet, denn der geht von Ost nach West vom Meer aus mitten über Downtown Dublin nach Weston. Der Anflug steht seit Monaten in meiner Planung. Und nun frage ich danach und erhalte die Freigabe! Im Sinkflug auf die Küste zu bin ich bald aus den Wolken raus. Wie vorhergesagt ist es in Dublin schöner und regnet noch nicht. Über dem Meer gibt es dann Radarführung auf den Endanflug. Und nun fliege ich mit meiner kleinen Arrow in nur 2.000 Fuß über ein Kraftwerk im Hafen und dann mitten über der Großstadt Dublin! Was für ein Ausblick aus dem Cockpit! Bald kommt der Flugplatz in Weston in Sicht. Ich lande und werde im Office unter dem Tower freundlich empfangen. Professioneller Service. Tanken werde ich hier nicht, man ruft mir ein Taxi für die Fahrt in die Stadt. (Für Euch Flieger: Keine Handling-Gebühr, Landung 20 Euro, Parken über Nacht ebenfalls 20 Euro).

In Dublin komme ich in einem kleinen Guesthouse unter. Eine Notlösung, superteuer dafür abgewracktes Zimmer. Was anderes gab's nicht. Wie wir später erfahren haben, war in Dublin wegen einem großen Popkonzert alles ausgebucht. Egal, das ist jetzt nur für eine Nacht. Ich mache eine Stadtrundfahrt mit dem Doppeldeckerbus, dann kommt Tobias aus Frankfurt an! Wir gehen zusammen Essen und machen dann im Regen einen Kneipenbummel. In einem Pub sehen wir noch die zweite Halbzeit des Spiels, in dem die Spanier die Franzosen nach Hause schicken.

Fazit: Endlich mal wieder ein toller Flugtag. Und die Arrow ist voll Instrumentenflug-tauglich. Es hat wieder riesig Spaß gemacht. Am Ende machen wir die Augen zu für die Nacht und träumen von morgen – von unserem Flug über das Meer zur Isle of Man...

7. Tag – Flug über die irische See zur Isle of Man

Der Morgen des 24. Juni beginnt für Tobias und mich in Dublin mit dem üblichen Wetter-Check. Es ist auf einem Fliegertrip nicht so, dass man erst mal in der Stadt spazieren geht, und sich dann überlegt: Wann fliegen wir los? Das Wetter bestimmt den Tag und alle anderen Pläne.

Für heute war vorgesehen, dass Tobias nach Sicht den Flug von Weston nach der Isle of Man als "Pilot in Command" fliegt. Also brauchten wir passendes Wetter. Um 8 Uhr, nachdem uns der Wecker aus dem Schlaf geholt hat, bin ich erst mal ans Fenster. Stark bewölkt, tiefe Wolken. Im Internet war die Prognose für die Flugstrecke so, dass am frühen Nachmittag die Chance für einen VFR-Flug, also für einen Flug nach Sicht, am Besten erschien. Also gab ich den Flugplan mit Abflugzeit 12 UTC auf, das ist 13 Uhr Ortszeit. Die Abfahrt vom Guesthouse mit dem Taxi legten wir auf 1130 Uhr fest.

Am Flugplatz Weston waren die Leute im Office wie am Vortag sehr hilfsbereit. Leider konnte ich den Manx Flyers Aero Club, bei dem wir tanken und den Flieger parken wollten, telefonisch nicht erreichen. So riefen die Leute vom Dispatch in Weston für mich beim Tower am Zielflugplatz an. Kein Problem, die Leute bei den Manx Flyers seien da, die könnten wohl grade nicht ans Telefon, weil sie auf dem Vorfeld seien. Wir sollten ruhig kommen....

Draußen an der Arrow machte Tobias alle Checks, während ich unser Gepäck verlud und die Bremsklötze entfernte. Bald lief der Motor und wir rollten zur Startbahn. Die Abflugstrecke direkt nach Osten über Dublin hinweg auf's Meer hinaus war mit dem Tower abgestimmt, wir waren soweit. Nun zeigte sich aber eine dunkle Regenwand genau im Abflugsektor und es fing auch am Platz an zu regnen. Ich machte für Tobias den Funk und sagte Bescheid, dass wir den Abflug verschieben wollten, bis der Schauer durch sei. Hinter mir konnte ich auf meiner Seite eine Cessna sehen, die grade angelassen hatte. Wir boten an, von der Bahn wieder weg zu rollen, um Platz zu machen. Das wurde gerne angenommen. Nachdem Tobias die Maschine umgerollt hatte, zückte er sein Handy und brillierte mit einem App, das ich noch nicht kannte: Auf dem Display konnte man das Wetterradarbild von ganz Europa sehen, und vor allem das von Dublin. Wir sahen eine rote Front genau nördlich von uns, die gerade mit gutem Tempo über uns hinweg zog. Also würde gleich alles weitergehen. Ging aber nicht: Weil mit dem Schauer einige Zeit der Flugverkehr in Dublin International zum Erliegen gekommen war, ließen die Dubliner keine Flieger aus Weston mehr Richtung Osten raus...

Inzwischen merkte ich auch persönlich, dass es draußen regnete. Ich saß ja genau da, wo gestern in Cork meine Karten nassgeworden sind. Direkt über meinem Kopf tropfte es aus der Türdichtung, lästig, aber es ließ sich nichts dran ändern. (Interessant: Undicht erwies sich die Türdichtung nur am Boden mit Idle Power im Regen. Im Freien abgestellt oder im Flug ist die Arrow dicht!)

Dann kam der Vorschlag vom Tower, nach Westen abzufliegen und Dublin großräumig im Norden zu umfliegen. Das habe wir erst mal abgelehnt. Zum Einen, weil wir uns in diesem schwierigen Luftraum überhaupt nicht auskannten, zum Anderen, weil die Cessna, die wir vorbeigelassen hatten, noch westlich des Platzes kreiste, weil sie nicht durchs Wetter kam. Erst später, als wir uns auf den Karten neu orientiert hatten und es heller wurde, haben wir den Vorschlag angenommen. 47 Minuten nach dem Losrollen von der Parkposition konnte Tobias dann endlich auf der Startbahn den Gashebel vorschieben... Wie schön, wieder unterwegs zu sein!

Zuerst orientierten wir uns an der Autobahn, bis unten eine große Abtei zu sehen war. Wir bestätigten unsere Position mit dem Tower und konnten dann nach Norden abdrehen. Es ging im großen Bogen um den Luftraum von Dublin herum. Das war jetzt einfach, die Luftraumgrenzen wurden auf dem Navigationsbildschirm angezeigt. Tobias flog uns jetzt in schönstem Rückseitenwetter in 1.500 Fuß durch unkontrollierten Luftraum, während ich wie blöd von einer Frequenz auf die andere geschickt wurde. Bis wir endlich am Strand waren, habe ich bestimmt fünfmal die Frequenz wechseln müssen...

Draußen auf dem Meer wird es endlich ruhiger auf der Frequenz. Die Küste bleibt hinter uns zurück. Wir müssen noch eine Weile tief fliegen, weil wir noch unter dem Anflugsektor von Dublin sind, dann steigt Tobias auf 4.500 Fuß. Bald können wir schon in der Ferne wieder Land sehen: Die Isle of Man! (Am Ende wird die Flugzeit bis dorthin genau 2 Minuten länger gedauert haben, wie die Rollzeit am Boden in Weston).

Während dem ganzen Flug über das Meer haben wir immer Kontakt mit der Flugsicherung gehalten, unsere Positionsmeldungen aktualisiert und die voraussichtlichen Überflugzeiten durchgegeben. So konnten wir nicht verloren gehen. Bald waren wir schon im Sinkflug und der Tower auf Isle of Man gab uns zum Sichtflug auf die Bahn 26 frei, ganz nach unserem Ermessen. Wir hatten darum gebeten, an der Küste entlang zu fliegen. Während dem spektakulären Anflug konnten wir nicht nur die schönen Aussichten genießen, sondern auch viele Fotos machen. Vielleicht kann ich Euch noch ein paar davon hoch laden. Das hängt immer von der Internetverbindung ab.

Am Flugplatz trafen wir den Manager und Fluglehrer von den Manx Flyers, hier ein Ein-Mann-Betrieb. Er rollte grade mit einem Flugschüler zu ein paar Platzrunden los. Er winkte mich an seine Maschine und meinte, er sei bald zurück und würde sich dann um uns kümmern. Wir könnten schon mal zum Clubheim rüber gehen. Das war dann auch wunderbar so.

Blick aus unserem Hotelzimmer in Castle Town, Isle of Man

Sommer auf der Isle of Man, so haben wir uns das vorgestellt

Wir verzurrten das Flugzeug, nahmen unsere Rucksäcke und gingen zum Fliegerheim rüber, das auf einer Anhöhe über dem Meer direkt am Hangar stand. Endlich Essen! Wir setzten uns draußen in die Sonne und ließen es uns gut gehen. Dabei konnten wir aufs Meer hinaus schauen, oder Chris bei seinen Platzrunden. Als er fertig war, hatten wir auch schon unseren Salat gegessen. Wir sprachen noch kurz die Betankung für morgen und unsere Abflugzeit ab, dann marschierten wir los. Man hatte uns zwar angeboten, uns nach Castletown rüber zu fahren, aber die Strecke dahin war so wunderschön, dass wir sie lieber gelaufen sind. Der Weg führte auf der einen Seite um Flugplatz, auf der anderen Seite am Meer entlang. Bald kamen wir an einem wunderschönen Schloss vorbei, in dem heute ein College untergebracht ist (Sorry: Ein Semester 9.500 Britische Pfund).

Nach einer dreiviertel Stunde Wanderung kamen wir in die mittelalterliche Stadt Castletown. Dort hatte ich ein Hotel gebucht. Unser Zimmer hatte Ausblick direkt auf das Castle! Wir stellten nur unser Gepäck rein, dann machten wir gleich eine lange Wanderung raus aus dem Ort, an der Küste entlang, in ein Naturschutzgebiet. Wie hatten ja nur diesen Tag.

Schon morgen wollen wir die schöne Insel Richtung Schottland verlassen...

8. Tag – Flug nach Stornoway: Insel-Slalom über dem Meer

Der 25. Juni beginnt ganz entspannt mit einem schönen Frühstück im The George Hotel auf der Isle of Man. Entspannt auch, weil die Wetteraussichten gut sind. Wir haben den Abflug auf den Mittag gelegt, um ganz sicher zu sein, dass sich die Wolken genügend für unseren Sichtflug gehoben haben. Tobias wird wieder am Steuer sitzen und die blaue Arrow nach Sicht nach Stornoway auf den äußeren Hebriden fliegen. Wir haben eine Flugroute gewählt, die sowohl spektakuläre optische Reize hat, und gleichzeitig nicht über hohe Berge führt. Am Ende würden wir durch eine wunderschöne Landschaft aus Inseln und Halbinseln mit teils hohen Erhebungen fast die ganze Strecke über Wasser fliegen. Die Wolkenuntergrenze sollte sich entlang der ganzen Strecke gegen Mittag auf 1.500 Fuß angehoben haben.

Beim Frühstück sind wir sicher, es wird ein schöner Flug werden. Pünktlich holt uns unser Taxi ab und bringt uns zum nahen Flugplatz. Tanken, Bezahlen, Vorflugkontrolle und Gepäck verstauen geht viel schneller, als wir gedacht haben. So können wir uns in Ruhe fertigmachen. Wir sind ganz alleine auf dem Vorfeld der Manx Flyers, es ist noch nichts los. Um viertel vor zwölf Ortzeit rollen wir zur Startbahn. Wie bei der Ankunft lässt uns der Tower freie Wahl, wie wir abfliegen wollen. Super! Wir starten geradeaus, bis ich Fotos von Castletown gemacht habe, das ja ganz nah am Flugplatz liegt, dann dreht Tobias nach links ab. Er fliegt entlang der Ostküste der Isle of Man nach Norden. Eine herrliche Küste! Wir fliegen in 1.500 Fuß Höhe unter den Wolken entlang bei unbeschreiblich guter Fernsicht. Bald liegt Douglas, die Hauptstadt der Insel (27.000 Einwohner) hinter und. Der Norden der Isle of Man ist bretteben und ich unterstütze mit dem iPad Tobias Navigation für den nächsten Fototermin: Ein ehemaliger Militärflugplatz aus dem zweiten Weltkrieg, von dessen drei Landebahnen heute nur noch eine privat genutzt wird. Wir bleiben in 1.500 Fuß, um eventuellen Platzverkehr nicht zu behindern, können aber keine andere Maschine ausmachen, weder am Boden, noch in der Luft. Das einzige Hangar ist zu.

Nach einer kurzen Überwasserstrecke erreichen wir Schottland. Wie immer reden wir mit den Lotsen über Funk. Neben gelegentlichen Positionsmeldungen werden auch die Überflugzeiten für die nächsten Wegpunkte abgefragt. Das ist hier sehr wichtig, denn wir sind zu tief unterwegs, um auf dem Radar gesehen zu werden. Außerdem haben wir Kurs auf den Nahverkehrsbereich von Prestwick, und die wollen wissen, wer da kommt. Es geht noch mal ein Stück über Land. Das ist interessant, weil die aufgelockerten Wolken uns nicht höher lassen als 1.500 bis 2.000 Fuß. Die höchsten Geländeerhebungen und Windkraftwerke links und rechts unserer Strecke sind genau so hoch!

Der Arbeitsplatz meiner Träume: Im Cockpit über dem Meer...

Es ist aber alles unproblematisch, weil wir in einem weiten Tal fliegen, sehr gute Sicht und ebenso gute Karten haben (VFR Charts von Jeppesen auf Papier, sowie die CAA Charts auf dem iPad). Es gibt viel zu sehen und zu fotografieren. Notlandeflächen gibt es reichlich in Form von Seen und dem nahen Meer. Mangels Interesse an einem Landeversuch haben wir allerdings immer einen guten Blick auf den Motor und die Treibstoffversorgung.

Der schönste Teil des Fluges beginnt hinter Prestwick, das wir rechts in der Entfernung hinter uns lassen. Wir fliegen jetzt im Slalom um die Inseln herum. Wir können die nicht überfliegen, weil sie zum Teil mit ihren Berggipfeln in den Wolken stecken. Und wir wollen die Inseln auch nicht überfliegen, weil das Gelände zum größten Teil unlandbarer Fels ist. Über dem Wasser dagegen sind wir immer über der "Landebahn".

Bald kommen wir in die Nähe von Glenforsa, einem 750 Meter langen Grasplatz auf der Isle of Mull. Dort wäre ich gerne Zwischengelandet. Aber das haben wir gestrichen: Zum Einen ist Glenforsa kein "Airport of Entry", ist also für Flüge von der Isle of Man nur mit Sondergenehmigung der Polizei zugelassen, zum anderen haben wir Flüge auf Graspisten vor der Reise nicht trainiert. Und zum Schluss gibt es dort keinen Sprit, so dass wir mit unseren noch ziemlich vollen Tanks etwas zu schwer für den Start wären. Kurz vor Glenforsa sehen wir eine riesige Fähre, die uns entgegen kommt. Wir gehen etwas herunter und können schöne Fotos machen. Glenforsa, das dann hinter der nächsten Landzunge in Sicht kommt, überfliegen wir wieder in 1.500 Fuß, können aber keinen anderen Flieger in der Platzrunde ausmachen.

Tobias im Anflug auf Glenforsa, Isle of Mull.
Hier wollte ich ursprünglich zwischenlanden.
Aber uns fehlte Training auf Grasplätzen.

Vorbeiflug Glenforsa: So nah, und für uns doch so fern...

Die Inselwelt hier ist wunderschön, wir können uns gar nicht daran satt sehen. Ich hoffe, dass Euch die paar Bilder einen kleinen Eindruck vermitteln können.

Näher an Stornoway wird es etwas dunstiger und geradezu langweilig. Der Plan, die Stadt Stornoway für ein paar Fotos vor der Landung zu umfliegen, lassen wir wegen der Sichtverschlechterung fallen und sind schon bald im 20 Meilen Endanflug auf die Landebahn 36. Tobias landet die Arrow wunderbar nach 2 Stunden und 45 Minuten Flugzeit auf dem Flughafen von Stornoway. Der Tower lotst uns nach der Landung auf ein leeres Vorfeld, der Tanker kommt gleich, so dass wir wieder voll tanken können. Gleich am Flugplatz nehmen wir uns einen Mietwagen. Das Personal muss erst heran telefoniert werden, denn der Schalter ist nur besetzt, wenn ein Airliner landet.

Diesmal haben wir wieder ein wunderschönes Hotel mit Blick auf den Hafen. Weil wir wegen der Wetterentwicklung für unseren morgigen "freien" Tag das Programm geändert haben, setzen wir uns gleich nach der Ankunft im Hotel wieder ins Auto und fahren fast anderthalb Stunden durch einsame Berge und Natur fast bis zur Südspitze der Insel. Wenn Ihr Ruhe haben wollt, hier ist Platz dafür. Anbei hoffentlich später auch ein paar Bilder. Essen abends im Hotel. Wenn Ihr mal hier vorbeikommt, eine echt gute Empfehlung (Royal Hotel).

Begegnung mit einer Fähre im Sound of Mull, Schottland

Eine von hunderten kleiner Inseln, an den wir vorbeikamen...

Nach neuer Flugplanung für den nächsten Tag geht in Stornoway um Mitternacht das Licht aus. Wir sind erledigt und haben viel Schönes gesehen.

Dienstag, 26. Juni 2012

9. Tag – Über dem Loch Ness

Dienstag der 26. Juni. Der Tag steht ganz im Zeichen des Loch Ness. Nur heute können wir noch gute Sichtflugbedingungen erwarten. Statt einem Tag frei in Stornoway mit Wandern und Strandspaziergängen haben wir schon am Vortag beschlossen, heute zum Loch Ness zu fliegen.

Der Flug über das Loch Ness, oder genauer der Flug von Inverness entlang dem Loch Ness und dann der ganzen Länge nach durch die Scharte in der Landschaft, die quer durch Schottland von Inverness bis nach Oban führt, war eines der Highlights für diese Reise (wie der wegen dem Wetter ausgefallene Flug zu den Aran Islands). Beim Timing für diesen Flug haben wir uns echt Mühe gegeben: Abflug zu früh würde unter Umständen den Flug nach Inverness verhindern, denn die Wolken wären dann noch zu tief, um sicher über die Highlands, die Gebirge auf dem Weg dorthin zu kommen. Abflug zu spät, würde bedeuten, dass das Schlechtwettergebiet, das von Irland anrückt, uns den Weg bei Oban versperren würde. Außerdem werden heute ab 1400 UTC einige militärische Sperrgebiete aktiviert, die genau auf unserem Rückweg liegen. Wir haben den Abflug daher auf 12 Uhr lokal – 11 Uhr UTC festgelegt. Wir kommen mit dem Mietwagen rechtzeitig am Flugplatz an, das Wetter ist sehr schön. Wir melden uns im Terminal, damit uns jemand von der Security zu unserem Flugzeug reinlassen kann. Der Mann von der Sicherheit begleitet uns zu einer mit Zahlenschloss gesicherten Tür im Flughafenzaun. Auf dem Weg sprechen wir mit ihm und erzählen von unserem geplanten Rundflug. Wir fragen ihn nach dem Wetter aus, ob es öfter so schön hier sei. Er meint, das sei dieses Jahr für ihn der schönste Sommer in Stornoway seit 40 Jahren. Wir sind zufrieden.

Als wir an unserer Arrow ankommen, hat grade eine andere, eine englische Piper 28 neben unserem Flieger eingeparkt. Die beiden Engländer pellen sich grade aus dem Cockpit und legen ihre Schwimmwesten ab. Ich gehe rüber und nach kurzem Hallo frage ich, wo sie herkommen. Sie kommen aus Oban und sind die gleiche Strecke hierher geflogen wie wir gestern. Wie das Wetter war, wollte ich wissen. In Oban sei es schon etwas schlechter als hier, aber sie seien problemlos durchgekommen.

Wir haben heute nur leichtes Gepäck, den Fliegerkram, Trinkwasser und die Kamera. Bald haben wir die Schwimmwesten an, den Notsender eingehakt und lassen den Motor an. Dies ist mein Flug, nachdem Tobias die letzen beiden Tage geflogen ist. Der Tower meint, unseren Flugplan sei eingegangen und wir könnten zur Startbahn rollen. Diesmal starten wir auf der kurzen Querbahn 06, die mit 1.000 Metern Länge immer noch 200 Meter länger ist, als die in Worms. Start und Abflug ist so genau gegen den Wind und gleich in unsere Abflugrichtung. Wir hatten ja bei der Ankunft keine Luftbilder von Stornoway gemacht und auch diesmal nicht vor, dafür einen Extrakringel zu fliegen. Wichtiger ist, dass wir zuverlässig unseren Rundkurs abfliegen können, den ich mit ca. 2 Stunden und 25 Minuten berechnet hatte.

Nach dem Start geht es daher gleich auf das Meer hinaus, Richtung der Highlands. Die höchsten Gipfel entlang unseres ersten Legs nach Inverness erheben sich bis auf 3.600 Fuß Höhe, also bis auf ungefähr 1.100 Meter. Ich beendete unseren Steigflug bei etwa 4.000 Fuß, so das wir in sicherem Abstand unter den Wolken blieben. Bald liegt die schottische Küste mit ihren Bergen vor uns, darüber dichte, aber nicht besonders dicke Bewölkung. Hier gab es – wie oft im Leben – mehrere Möglichkeiten: unter den Wolken bleiben und relativ tief durch die Berge fliegen, oder über die Wolken steigen. Wenn wir über die Wolken gestiegen wären, hätten wir bei Inverness eventuell einen Instrumentenanflug machen müssen, um vor dem Loch Ness wieder drunter zu kommen (im Vereinigten Königreich ist der spontane Wechsel zwischen Sicht- und Instrumentenflug kein Problem). Wir beraten kurz, was wohl besser wäre.

Am Ende bleiben wir unter den Wolken. Die Sicht in den Bergen ist hervorragend und die Täler weit und vor allem durchgehend bis auf die andere Seite. Die höchsten Gipfel erfordern aber eine Umfliegung entlang einem großen Tal. Die Landschaft ist wunderschön und so ganz anders, als z.B. die Voralpen. Die Gipfel sind zum großen Teil flach geschliffene Felsformationen, bedeckt mit Moosen und flachem Bewuchs, Bäume sind selten. Siedlungen auch. Dazu gibt es einen interessanten Artikel im Internet. Wer sich für ein dunkles Kapitel der Geschichte der Highlands interessiert kann ja mal im deutschen Wikipedia unter "Highland Clearances" nachlesen. Notlandemöglichkeiten an Land gibt es hier kaum, es bieten sich aber zahllose Wasserflächen, Stauseen und "Lochs" an. Tobias macht viele Fotos von der schönen Landschaft um uns herum und macht den Funk. Ich mache die Navigation und fliege.

Bald sind wir im Funkkontakt zu Inverness. Der Flugplatz hat zwar Radarkontrolle und Instrumentenanflug, aber keine Kontrollzone. Nur eine relativ kleine s.g. ATZ (Aerodrome Traffic Zone), die bis 2.000 Fuß hoch reicht. Wir erbitten, über dem Platz in 1.500 Fuß Höhe für ein paar Fotos kreisen zu dürfen und erhalten die Freigabe, die Landebahn 05 anzufliegen. Sehr schön. Ich sinke hinter den Bergen auf 1.500 Fuß und fliege gleich noch am Stadtzentrum von Inverness vorbei, das auf dem Weg zum Flughafen liegt. Wir nähern uns dem Platz, als eine kleine Maschine unter uns in den Endanflug eindreht. Wir fliegen fast genau darüber. Ich gehe ein wenig nach rechts, so kann ich links unter mir die Landebahn sehen und die Landung mitverfolgen. Tobias macht derweil Fotos. Als die kleine Maschine durchstartet und nach links kurvt und ich in den rechten Gegenanflug eindrehe, wird es dem Lotsen zuviel: "Die Ryan Air kommt". Der Kleine wird irgendwo hingeschickt und auch uns gibt er Anweisung, die ATZ und vor allem den Endanfflug-Sektor zu verlassen. Jetzt ist Tobias gefordert, denn wir müssen auf der Karte schnell uns fremde Wegpunkte finden und dorthin fliegen. Der eine ist ein

Meeresarm, der andere ein Ort am Ende einer Bucht. Alles geht leicht von der Hand und der Lotse ist geduldig mit uns Ortsfremden. Nachdem wir den anfliegenden A320 in Sicht melden, erhalten wir die Freigabe Richtung Loch Ness abzubiegen und zu steigen.

Nun beginnt der Teil des Fluges, auf den ich mich besonders gefreut habe: Wir fliegen ein in das "Große Tal", auch Glen More genannt, die tektonisch aktive Verwerfung, die ganz Schottland in zwei Teile zerteilt. In seiner ganzen Länge (von Inverness bis Oban etwa 150 km) ist der Talboden von drei großen "Lochs" ausgefüllt, von denen wir nun in 2.500 Fuß über dem Loch Ness entlang fliegen. Die Lochs sind mit Flüssen, Kanälen und Schleusen verbunden, so dass es möglich ist, mit Schiffen quer durch Schottland zu fahren.

Die Ausblicke auf die Seen und die Berge ringsum sind viel schöner, als ich es mir erhofft hatte. Da spielt es auch keine Rolle, dass die Sonne nicht scheint, und dass es dunstiger wird, je weiter wir nach Südwesten kommen. Nur mein "Funker" und Fotograf Tobias beklagt sich über das Licht, das keine so guten Fotos erlaubt, wie gewünscht. Der Radarlotse in Inverness nennt uns die Frequenz von Scottish Information, weist uns aber darauf hin, dass wir die in unserer Flughöhe noch nicht erreichen könnten. Auch er selbst werde bald nicht mehr mit uns reden können. So haben wir eine Zeitlang angenehme Ruhe im Cockpit. Dann stellen wir aber fest, dass wir noch Handyempfang haben und können im Flug kurz telefonieren und eine SMS verschicken. Ihr seht also, wir waren nicht ausgelastet und guter Dinge.

Kanalverbindung Caledonian Canal zwischen dem Loch Oich und dem südlicher gelegenen Loch Lochy

Bald weitet sich das Tal und geht in den Firth of Lorn über, einen Meeresarm, der wieder in die offene See hinaus führt. An diesem Meeresarm liegt der Flugplatz von Oban, unserem Wendepunkt für den

Rückflug nach Stornoway. Hier wird es auch immer dunstiger und die ersten Regenschauer gehen runter. Tobias meldet sich beim Flugplatz Oban und kündigt unseren Anflug an. Wir wollen uns nur kurz den Platz von oben ansehen. Die Bodenstation meldet: "Kein bekannter Verkehr". Ich muss bis auf 1.000 Fuß runter, denn in einem Schauer sinkt auch die Wolkenuntergrenze. So können wir noch einen Blick auf die Landebahn bekommen, bevor ich Richtung Stornoway abdrehe. Wir können wegen der Berge an Land und auf den Inseln nicht direkt fliegen und folgen erst einmal dem selben Flugweg an Glenforsa vorbei über Wasser im Slalom um einige Inseln, den wir am Vortag genommen haben. Tobias setzt eifrig Positionsmeldungen ab, inzwischen sind wir wieder im Kontakt mit Scottish Information. So wissen die immer, wo wir grade sind. Je weiter wir wieder nach Nordwesten kommen, um so besser wird wieder das Wetter. So kann ich wieder steigen und wir können direkten Kurs auf Stornoway nehmen.

Bei Sonnenschein beenden wir unseren Ausflug mit einem langen Endanflug auf die Bahn 06. So fliegen wir direkt an Hafen und Stadt Stornoway vorbei. Was kann es schöneres geben!

In der Stadt bleibt noch Zeit für einen ausgedehnten Spaziergang. Dann haben wir noch reichlich zu tun mit den Flugvorbereitungen für den nächsten Tag. Wenn wir wie geplant nach Edinburgh wollen, wird es nur im Instrumentenflug gehen. Andrew, von "Far North Aviation" in Wick, an der Nordostecke

Schottlands, habe ich bereits angerufen. Den geplanten Flug dorthin werden wir ersatzlos streichen...

schwarze Felsen, schäumendes Meer... dafür hatten wir in den nächsten Tagen auf den Äußeren Hebriden viel Zeit...

Tobias fotografierte vom Wetter ebenfalls gegroundete Fliegerkameraden

Mittwoch, 27. Juni 2012

10. Tag – Weiterflug gestrichen

Am Morgen – nach einem Blick aus dem Fenster – beschließen wir erst mal, noch ein Stündchen weiter zu schlafen. Draußen ist dicke Suppe, der Turm des Schlosses ist mit der Spitze in den Wolken. Später, auf dem Weg zum Frühstück, fragen wir, ob wir das Zimmer noch einen Tag länger haben können. Das geht leider nicht, aber es gibt noch zwei Einzelzimmer, zusammen zum gleichen Preis. Wir wollen das nach dem Frühstück entscheiden. Im Frühstücksraum treffen wir die beiden Engländer aus der andere Piper. Sie brüten schon über ihrem iPad in den Wettermeldungen. Auch sie hatten gedacht, sie könnten IFR los fliegen, aber jetzt sind die ersten Gewitterwarnungen in der Vorhersage.

Beim Kaffee über den Wetterkarten meint Tobias, ob es nicht eine gute Idee sei, die Zimmersache fest zu machen. Also geht er noch mal zur Rezeption. Und tatsächlich, da stehen die Engländer mit dem gleichen Anliegen. Da wir zuerst gefragt hatten, bekommen wir die Zimmer. Stornoway, wie die ganze Insel, lebt vom Tourismus und von den Schafen. So dauerte es nach einem Telefonat nur wenige Minuten, bis man den Engländern einen Mietwagen ins Hotel brachte, und ihnen eine andere Unterkunft vermittelt hatte.

einsame Landschaften... herrliche Strände...

hier wollte ich schon immer mal hin: jetzt bin ich da...

Die Wetterberichte sind mehr als schlecht. Wir fragten uns, ob es klug sei, bei diesen tiefen Wolken – auch IFR – überhaupt loszufliegen. Edinburgh war zeitweise unter dem Landeminimum für das ILS mit Wolkenuntergrenzen bei 100 Fuß vorhergesagt. Ich rief den Handling-Agenten an einem anderen Flugplatz an und fragte nach Sprit, falls wir wegen Wetter zu ihm ausweichen würden. Er meinte, Sprit hätte er für uns, nur regne es auch bei ihm bereits wie aus Kübeln. Und dann gab es seit heute Morgen die Gewitterwarnungen, die einen IFR Flug in der Arrow unmöglich machten. So war die Entscheidung hier zu bleiben einfach und lag letztlich nicht in unserer Hand.

Es blieben noch Aufräumarbeiten: Wir sagten bei der Mietwagenfirma Bescheid und strichen alle noch verbliebenen Hotelreservierungen für diese Reise (Edinburgh und Southend on Sea). Nun hatten wir endlich Zeit für eine weitere, schöne Fahrt über die Insel. Wir stiegen an vielen Stellen aus und liefen ein wenig durch den Nieselregen. Das Wetter war nicht unangenehm – vielleicht wirklich der beste Sommer hier seit 40 Jahren. Es war auch nicht kalt, nur eben weiter südlich unfliegbar.

Am Besten hänge ich Euch wieder ein paar Fotos an, damit Ihr Euch selbst ein Bild machen könnt. Wir haben viel gesehen, wunderschöne Landschaften – mittendrin eine Kunstgalerie mit Cafe – einen einsamen Fischerhafen (Port of Ness), einen langen Sandstrand und nicht zuletzt die dicksten Schweine, die wir je gesehen haben. Bestimmt fast zwei Meter lang und so groß wie ein Pony. Vielleicht ist der Metzger nach Amerika ausgewandert. Es gab auch Steinkreise, die über 4.000 Jahre alt sind, und von denen niemand weiß, warum sie aufgerichtet worden sind. Die Isle of Lewis bietet "nur" die schöne Natur. Die Guesthouses hier und die wenigen Hotels beherbergen hauptsächlich Engländer, die mit Linienflugzeugen hierher kommen, um zu wandern. Am entlegensten Punkt unserer Fahrt treffen wir hoch auf der Klippe über dem Port of Ness wieder die beiden englischen Piloten, die wie beim Wetter auch beim Sightseeing die selben Entscheidungen getroffen haben, wie wir.

Wir wären gerne weitergeflogen,
aber nun hängen wir am Ende der Welt fest.
Aber an einem schönen Ende, macht Euch selbst ein Bild…

11. Tag – schwierige Entscheidungen am Ende der Welt…

Es ist Donnerstag, der 28. Juni, und wir sitzen immer noch in Stornoway fest. Mit uns sind noch die Piloten von zwei englischen Piper 28 hier gestrandet, die auch gerne weiterfliegen wollen.

Um 7 Uhr bin ich mich mit Tobias zum Wetterbriefing verabredet. Es ist ziemlich aussichtslos. Das Wetter in Stornoway ist unverändert schlecht. Es schauert und die Wolken hängen tief. Über der Mitte Englands hängen dicke Gewitter, die den Rückflug in die Zivilisation für einen IFR Flug verhindern. Die Arrow hat ja leider kein Wetterradar. Wir brauchen also zuverlässiges Sichtflugwetter für zwei Flugstunden nach Süden. Als ausreichendes Sichtflugwetter würde ich hier 1.000 Fuß Wolkenuntergrenze bei guter Sicht akzeptieren. Bei diesen Wetterbedingungen, würde ich zu Hause nicht einmal den Flieger aus der Halle holen. Aber hier oben in Schottland ist das anders: Der Rückflug soll genau wie der Hinflug über dem Meer erfolgen, in der Nähe von Küste und Inseln. Die Strecke ist absolut hindernisfrei, so dass man in Schauern durchaus auf 500 Fuß heruntergehen könnte. Außerdem ist man hier oben allein. Mit Gegenverkehr ist nicht zu rechnen.

Die Vorhersage für Stornoway und die Strecke an der Küste entlang ist aber so, dass in Schauern Wolken bis hinunter auf 300 Fuß erwartet werden. Also kommt heute ein Sichtflug den ganzen Tag nicht in Frage. Wir gehen erst mal zum Frühstück. Unser Zimmer hatten wir ja schon bis zum Samstag verlängert. Nach Kaffee, bzw. Tee und Eiern geht das in den Wettermeldungen stochern weiter, bis wir beschließen, einfach mal die iPhones beiseite zu legen. Wir wollen uns zerstreuen und brechen zum dritten Ausflug über die Insel auf.

In inzwischen geübtem Linksverkehr geht es aus der Hafenstadt hinaus ins Grüne. Bald verlassen wir die Hautstrasse und fahren auf einer einspurigen Landstrasse mit vielen "Begegnungsbuchten" wieder Richtung Meer. Noch ein letztes Dorf, dann ist die Strasse zu Ende. Wir überqueren einige Weiden – die Schafe hauen ab – und einen kleinen Bach. Auf halber Höhe des Berges bewundern wir die weite Bucht und die inzwischen hervorragende Fernsicht und die sich inzwischen gehobene Wolkendecke. Wir gucken uns an, und Tobias wirft noch mal einen Blick auf das aktuelle Radarbild (selbst hier in der Einöde geht das Hand noch): Die Gewitterfront scheint Richtung England abgezogen zu sein und unser erstes Ziel Prestwick meldet keine Gewitter mehr in der Vorhersage. Wie wäre es nun mit einem Abflug nach IFR, also nach Instrumentenflugregeln?

Wir brechen umgehend die Wanderung ab und sind im Nu wieder unterwegs zum Hotel. Das ist die Wetterentwicklung, die wir erhofft haben. Das Schlechtwettergebiet zieht ab. Im Hotel gehen wir erst mal zu einem leichten Essen ins Restaurant. Inzwischen ist es nach 14 Uhr. Dann bereiten wir in aller Eile die Karten vor, programmieren die IFR Route ins iPad. Ich eile runter zur Rezeption, zahle die

Rechnung und kündige die Abreise in 30 Minuten an. In Prestwick melde ich uns telefonisch an, lasse mir bestätigen, dass der Platz auch noch auf ist, wenn wir kommen und dass Sprit da ist.

Als Letztes gebe ich den Flugplan auf. Bevor ich am Ende die ENTER-Taste drücke, frage ich Tobias noch mal nach seiner Ansicht. Er ruft das neueste Radarbild ab. Darauf sehen wir, was wir nicht sehen wollen: Über dem Meer ziehen aus Irland neue fette Radarechos herüber. Wir würden in den Wolken fliegen, und könnten Gewitter im Flug so nicht sehen. Wir stellen uns nun die alles entscheidende Frage: Würden wir los fliegen, wenn wir nicht übermorgen zu Hause sein müssten? Und die Antwort lautete von uns zwei Piloten zweimal "Nein". Was für eine Niederlage. Aber man muss wissen, wann man aufgeben muss. Ich gehe schnell runter zur Rezeption, entschuldige mich für die Umstände und checke uns erneut ein.

Wir schmeißen den Fliegerkram in die Ecke und gehen eine Runde im wieder aufkommenden Nieselregen spazieren. Am Abend – und da zeigte sich die gute Seite der Entscheidung – konnten wir dann zusammen das "Endspiel" Deutschland – Italien gucken, während es draußen regnete. Nun ja, unserem Jungs haben eben schlechter gespielt. Mal verliert man, mal gewinnen die Anderen. So ist das Leben. Jedenfalls waren wir froh, dass wir nicht in die Verlängerung mussten. So konnten wir endlich schlafen gehen, nachdem wir mehr als den halben Tag ergebnislos Flugplanung gemacht hatten…

12. Tag – 1.200 km an einem Tag: Mit der Arrow von Stornoway nach Le Touquet

Am Freitag dem 29. Juni hat das Warten in Stornoway ein Ende. Der Blick in die Wettermeldungen am frühen Morgen bestätigen die erwartete Wetterbesserung auf unserer Route. Die Gewitter sind von unserer Flugstrecke mit dem Tief nach Nordosten weitergezogen. Noch hängen Gewitter in den schottischen Highlands, aber das Gebiet an der Westküste der Britischen Inseln ist bereits frei davon.

Nachdem wir uns vom ordnungsgemäßen Zustand unseres Fluggebietes überzeugt haben, geben wir einen IFR Flugplan nach Prestwick auf, eine Flugstrecke von etwa 1:45 Minuten. Geplante Abflugzeit 0915 Uhr lokal. Auf nach Süden! Die Vorhersagen versprechen sogar marginale Sichtflugbedingungen unter dichter Bewölkung, aber wir wollen kein Risiko eingehen und planen einen Flug nach Instrumenten. Nach einem superschnellen Frühstück, auschecken, Prestwick anrufen, Mietwagenfirma anrufen (die sind nur am Flugplatz, wenn eine Linienmaschine kommt) sind wir auf dem Weg zum Flugplatz. Bei den Lotsen auf dem Tower zahlen wir noch die übrigen Parkgebühren für die zwei "Verlängerungstage" und besprechen unseren IFR Flugplan, den sie bereits vorliegen haben. Dann machen wir die Arrow startklar.

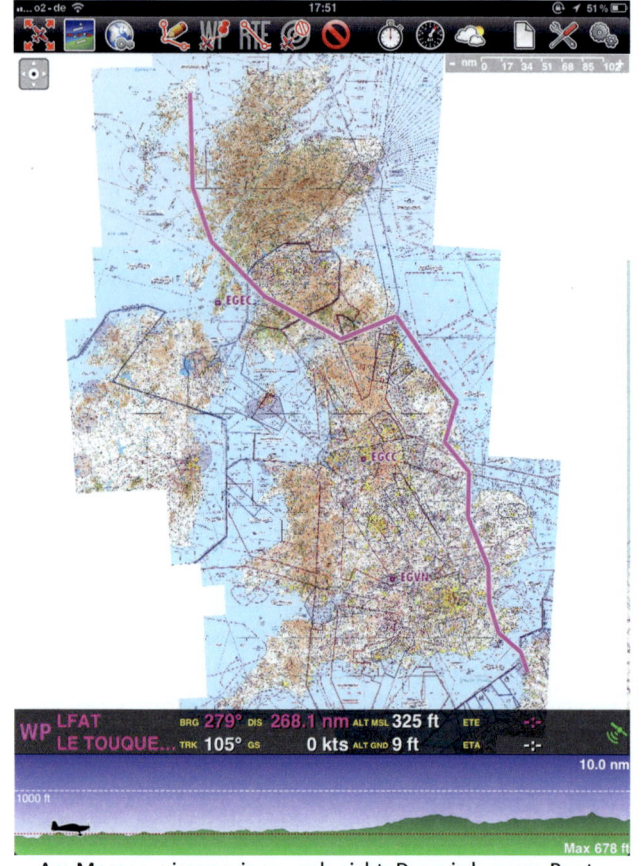

Am Morgen wissen wir es noch nicht: Das wird unsere Route
werden, an nur einem einzigen Tag...

Nebenan machen die zwei Engländer ihre Piper fertig,
die fliegen aber in eine andere Richtung. Heute fliege
ich. Tobias macht den Funk. Die Sicht ist gut, aber die
Wolken hängen immer noch tief. Im Süden ziehen
dunkle Schauer durch.

Tobias ist der "Gewittermann". Ohne seine ständige Kontrolle des Wetterradarbildes auf dem iPhone, auch jetzt vom Cockpit aus, hätten wir sicher nicht immer die optimalen Entscheidungen getroffen. Bevor wir also in die Suppe starten, haben wir uns noch mal vergewissert, dass die Strecke frei ist. Im Flug würde das nicht möglich sein. Wir fliegen nicht den direkten Weg nach Prestwick, sondern erst einmal direkt nach Süden, weit weg von der Küste mit den schauerbeladenen schottischen Bergen. Der Flugweg führt in etwa über die Inselwelt, über die wir hierher geflogen sind. Nur in viel größerer Höhe.

Nur fünf Minuten nach der geplanten Zeit rollen wir um 09 Uhr 20 lokal zur Startbahn 18. In leichtem Nieselregen rollt die blaue Arrow los. Wir sind vollgetankt und wiegen etwa 1.150 kg, haben also noch 50 kg Luft zum maximalen Startgewicht. Es ist schön und beruhigend, dass der Motor endlich wieder brummt. Weniger als 60 Sekunden nach dem Abheben verschwindet die Arrow in etwa 800 Fuß Höhe in der Suppe. Wir sind bereits über Wasser, können aber das Meer nicht mehr sehen. Das Fahrwerk ist eingefahren, die Steigleistung gesetzt. Wir sind schwerer als bei meinem IFR Flug nach Dublin und so brauchen wir 15 Minuten um die Reiseflughöhe von FL 80, also 8.000 Fuß zu erreichen. 5 Minuten mehr als bei meinem Soloflug. Ich habe die Höhe so gewählt, dass wir möglichst über die Wolken kommen, ohne aber zu vereisen, falls nicht. Zuerst sind wir eine Weile in der Suppe. Die Außentemperatur beträgt 0 Grad Celsius, aber das Wasser aus den Wolken läuft noch schön über die Flügelvorderkanten, die ich häufig kontrolliere. Kein Eis (wenn ja könnten wir etwas herunter gehen, wo es wärmer ist).

Dann sind wir über dem Wolkenmeer, das dicht und quellig direkt unter uns durchzieht. Wie erwartet ist vor uns alles frei, keine hohen Wolken. Nur links in der Ferne können wir die Wolkentürme über den Highlands sehen. Erste Amtshandlung in dieser Flugphase: Sonnenbrillen auf! Es ist das erste Mal auf dieser Reise, dass wir nicht wissen, wo wir abends landen und übernachten werden. Denn die erste Priorität war, aus Stornoway rauszukommen und soweit wie möglich nach Süden zu fliegen. Wie es von Prestwick aus weitergehen soll, wollen wir dort je nach Wetterlage entscheiden.

Der Flug verläuft ziemlich ereignislos, wenn man davon absieht, dass wir ständig auf der Hut sind, dass wir keinen hohen Wolkentürmen begegnen. Aber die Strecke bleibt frei und auch Prestwick meldet keinen Niederschlag mehr. Tobias sagt immer die nächsten Inseln an, denn auf einigen sind kleine Flugplätze, die wir bei Motorproblemen anfliegen könnten. Dann reden wir schon mit Prestwick Anflugkontrolle und sind im Sinkflug auf dem Instrumentenlandesystem ILS 13. Der Wind am Boden bläst kräftig mit etwa 20 Knoten, bei ungefähr 10 Knoten Seitenwind. Hier in der Höhe auf dem ILS muss es viel mehr sein, denn die Landebahn sehe ich fast aus dem Seitenfenster, wir haben etwa 20 Grad Vorhaltewinkel. Was sind wir glücklich, wieder zurück in der Zivilisation zu sein!

Nach der Landung werden wir auf dem Vorfeld "G" eingewunken und stellen dem Motor ab. Der Tankwagen erscheint sofort, wir sind angemeldet. Nach dem Tanken werden wir zum Crewraum unserer Handlingfirma gebracht. Alles voller Computer, Sofas, Sessel, Kekse, Getränkekühlschränke und Kaffeemaschinen. Aber wir wollen hier nicht festwachsen und beginnen sofort uns neu zu orientieren. An der Englischen Ostküste und von da Richtung Süden, ist das Wetter schön. Um da hin zu kommen, müssen wir über die Berge auf die andere Seite Englands. Bereits in Stornoway hatte ich eine Low-Level-Route, also eine Tiefflugstrecke für einen möglichen Sichtflug auf die andere Seite Englands abgesteckt. Hier in der Mitte Englands ist so ein Flug relativ sicher möglich, weil entlang der ganzen Strecke Flugplätze liegen, deren Wetter wir vorher einholen können. Wir brauchen nur noch ein Ziel. Bis zur Südküste Englands wäre der Flug von Prestwick aus zu lang geworden. Am Ende finden wir Humberside. Dort gibt es Sprit für uns und das Wetter ist gut. Ich wäre gerne IFR dorthin geflogen, aber der IFR Flug wäre – wie der von Stornoway aus – komplett im unkontrollierten Luftraum verlaufen, hier aber mit einem enormen Koordinierungsaufwand über Funk unterwegs und im Slalom um etliche militärische Sperrgebiete.

Also fliegen wir nach Sicht los. In Prestwick bei 1.500 Fuß Wolkenuntergrenze, die unterwegs langsam ansteigen sollte. Los geht's, diesmal auf der kurzen Querbahn gegen den starken Wind. Gleich nach dem Start müssen wir einem Schauer ausweichen, dann sind wir unterwegs in "Talmitte".

Tobias achtet sorgfältig darauf, dass wir den umliegenden Hügeln nicht zu nahe kommen und gibt Hinweise auf Hindernisse, die nach der Karte vor uns auftauchen werden.

Ich fliege genau einem Flusslauf nach, der uns in ganz langgestreckten Kurven aus den Hügeln hinaus zu einem weiten Meeresarm führt. Wir sind immer im Kontakt mit der nächsten Radarstation. Alles verläuft nach Plan. Nach unserem ersten Wendepunkt, ein Flugplatz an einer Autobahn, ändern wir den Kurs nach Osten, durch ein weiteres, weites Tal direkt nach Newcastle. Hier scheint schon die Sonne und uns wird in unseren Schottland-Jacken mit den Schwimmwesten drüber erstmals viel zu warm. Von Newcastle aus ist alles ganz einfach. Wir brauchen nur der Küste lang nach Süden bis nach Humberside zu fliegen.

Im Anflug auf Humberside überfliegen wir Fort Paull, heute ein Museum mit dem einzigen erhaltenen RAF „**Blackburn B-101 Beverley**" Transporter...

In Humberside ein superschneller Tankstopp mit Flugplanaufgeben: Wir wollen sofort weiter nach Le Touquet auf der anderen Seite des Ärmelkanals! Das wird Tobias Flug. Also Jacken aus, Schwimmwesten wieder an, und schon sind wir wieder in der Luft. Etwas enger Luftraum um London, aber für VFR Flieger ist immer noch viel Platz. Wir fliegen direkt über Southend on Sea, wohin ich eigentlich wollte, und können von oben schöne Fotos machen. Nach insgesamt 6 Flugstunden und über 7 Stunden im Cockpit der blauen Arrow fliegt Tobias die Arrow runter auf die Landebahn an der französischen Kanalküste. Bereits eine Stunde später sind wir beide glücklich am Meer und genießen den Abend bei Essen und Musik. Einem Heimflug nach Worms am nächsten Morgen steht nun nichts mehr im Wege…

„Entspannt am Strand": Tobias nach über 7 Stunden im Cockpit endlich in Le Touquet, Frankreich

Traumhafter Abend in Le Touquet Paris-Plage...
eine Band spielt Michael Jacksons „Thriller"

Einen so schönen Abschluss unserer Reise
haben wir nicht erwartet: Straßenszene in Le Touquet

13. Tag – Worms: Die blaue Arrow ist gelandet

Am Samstag dem 30. Juni machen wir uns mit unseren Fahrrädern auf den Weg zum Flugplatz von Le Touquet. Es ist eine schöne Fahrt durch den sonnigen Morgen und ein grünes Villenviertel. Nach nur 15 Minuten sind wir am Terminal. Wir geben die Räder zurück, bestellen den Tankwagen und beladen zum letzten Mal auf dieser Reise die Arrow. Dann noch ein wenig Flugzeugpflege. Wir waschen die Scheiben und füllen noch einen Liter Öl nach. Insgesamt haben wir auf dieser Reise 3 Liter Öl verbraucht, genau so viel, wie ich eingekauft hatte.

Tobias lässt den Motor an und fliegt uns nach Hause. Es geht unter aufgelockerter Bewölkung über die schöne, grüne französische Landschaft hinweg. Wir haben Rückenwind und kommen gut voran. Ich kenne die Strecke ja schon vom Herweg, aber nicht die Landschaft. Ich war ja über den Wolken geflogen. Der Flug ist ganz entspannt. Weil Wochenende ist, sind fast alle militärischen Sperrgebiete aufgehoben und wir können ohne Umwege auf Kurs bleiben. Allerdings merkt man auch auf den Funkfrequenzen, dass Wochenende ist. Alles was Flügel hat ist unterwegs. Wir fliegen vorsichtig um einen Flugplatz mit Fallschirmabsprungbetrieb herum und sehen zwei Flugzeuge, die uns entgegen kommen. Für Luxemburg bekommen wir eine Freigabe zum Durchqueren deren Kontrollbezirks. Dann reden wir schon mit Langen. Als letzte Erhebung überfliegen wir den Donnersberg. Dann sind wir bereits im Anflug auf die Landebahn 06 in Worms.

Mit einer butterweichen Landung legt Tobias die Latte für meine nächsten Landungen auf der Arrow wirklich hoch. Glückwunsch!

Wir sind froh, trotz wetterbedingten Verzögerungen pünktlich zu Hause zu sein. Das war auch sehr wichtig, denn Tobias muss gleich am nächsten Morgen wieder zur Arbeit. Dabei könnten wir jetzt noch eine Weile Urlaub gebrauchen!

Ich bin sehr froh, dass ich diese Tour gemacht habe, an deren Planung ich lange gearbeitet habe. Und ich bin froh, dass Tobias die zweite Hälfte der Reise mitgeflogen ist. Solo ist das schön, aber mit zwei eingespielten, harmonierenden Piloten eben noch viel besser.

Dieses ist der letzte Eintrag in diesem Blog, der die Reise beschreibt. Es wird noch eine Zusammenfassung mit den fliegerischen Erfahrungen geben, die für die Piloten unter Euch vielleicht interessant sein wird. Das wird aber noch ein paar Tage dauern.

Vielen Dank für Eure Geduld beim Lesen, ich hoffe ich konnte Euch einen kleinen Einblick in unsere Fliegerreise geben.

Euer Peter

Nachtrag: Infos für Piloten

Der beste Flugplatz

Ganz klar war Le Touquet an der französischen Kanalküste der beste Flugplatz auf unserer Reise. Günstige Lande- und Parkgebühren, der billigste Sprit auf der Tour, freundliche Bedienung, Lage direkt am Meer, Leihfahrräder, kurze Fahrzeit in die schöne Küstenstadt (10 Minuten) machen Le Touquet zu meinem Favoriten für diese Auszeichnung. Dazu hat der Platz auch IFR Verfahren.

Flugplätze in England und Irland

Sehr viele Plätze sind – trotz fester Öffnungszeiten – PPR, also "prior permission required". Das Einholen der Genehmigung ist aber einfach und erfolgt am Besten per Telefon. An vielen Plätzen gibt es zudem einen Zwang zum "Handling". Man kann dann den PPR gleich telefonisch mit der Handlingfirma erledigen. Ich habe immer bei der Handlingfirma zuerst angerufen, die auch 100LL Sprit anbietet. Dort kann man dann auch die Höhe der Lande- und Handlinggebühren erfragen. Dazu Flugzeugkennzeichen, den Typ und das maximale Startgewicht bereithalten, diese Daten werden abgefragt. Die angegebenen Gebühren verstehen sich meistens ohne tax, d.h. es kommen noch 20 % Mehrwertsteuer drauf. Im Zweifel nachfragen. Das Gleiche bei den Spritpreisen. Besonderheit: Reist man aus UK aus (in unserem Fall nach

Frankreich) kann man u.U. den Sprit steuerfrei bekommen. Auch hier: Nachfragen.

Piloteninfos zur General Aviation und zu den Flugplätzen in UK gibt es auch auf der Seite UKGA.com (Registrierung kostenfrei).

VFR Enroute Karten für UK

Wir hatten 500.000er Karten der CAA im AirNav Pro App sowie die Jeppesen Karten auf Papier. Ich persönlich finde die Jeppesen Karten besser, weil z.B. schon an den Airport-Symbolen zu erkennen ist, ob der Platz eine Gras- oder Asphaltpiste besitzt. Außerdem sind die Frequenzen besser dargestellt. Aber leider gibt's die Jeppesen charts immer noch nur auf Papier.

Flugplatzkarten UK und Irland

Für Sichtflüge das absolute Muss sind die Pooley Charts, eine Sammlung von Karten und Informationen zu allen Flugplätzen in England und Irland. Diese Karten sind für VFR Flüge die einzigen, die man braucht, sie enthalten auch die für PPR ach so wichtigen Telefonnummern. Die Pooley Charts gibt es einmal im Jahr als Ringordner auf Papier, oder als App für das iPad (Pooleys.com). Hat man die elektronische Variante gewählt – wie ich – dann kann man die Pooley Charts auch in das RocketRoute App "AeroPlates" integrieren, in dem ich auch die IFR charts habe.

Wetter Infos

Für die Vorhersagen benutze ich meinen kostenpflichtigen Zugang zu TopMeteo.eu, den ich nur empfehlen kann. Die aktuellen Wetter und TAFs haben wir über das iPhone App AeroWeather abgerufen, das beste App für diesen Zweck. Das Bodenradar- und das Satellitenbild haben wir über das App WeatherPro abgerufen, in Deutschland benutze ich auch das App RegenRadar. Für UK nutzten wir auch das App MetOffice des englischen Wetterdienstes, dessen Infos für Sichtflieger auch von der Webseite nach einfacher Registrierung kostenfrei abgerufen werden können.

NOTAMS

Für VFR Flüge in Deutschland benutze ich das App VFRiNOTAM der DFS.

Für IFR Flüge erhalte ich die wichtigsten NOTAMs über RocketRoute.

Für alle Flüge in Europa (VFR wie IFR) gibt es NOTAMS von:

UK Aeronautical Information Service (NATS) www.ais.org.uk

Auch hier ist eine – kostenfreie – Registrierung erforderlich. Über die Internetseite hat man auch den Zugang zur UK AIP.

Für Irland gibt es diese Informationen über die Webseite der Irish Aviation Authority www.iaa.ie

Tanken

An allen Flugplätzen, die wir auf dieser Reise angeflogen haben, kam ein Tankwagen direkt zum Flugzeug. Sehr praktisch. Bezahlt wird meist direkt beim Fahrer/Tanker. VISA Karte wurde überall angenommen. In Stornoway hat die Tankgesellschaft ihre Fahrer angewiesen, Flugzeuge nur dann mit AVGAS zu betanken, wenn ein roter AVGAS Aufkleber an der

Tanköffnung angebracht ist. Der Fahrer hatte auch gleich Aufkleber dabei. Einige Piloten wollten die nicht anbringen, meinte er. Da jedoch diese Art der Kennzeichnung (Dieseltanks werden mit schwarzen Aufklebern markiert) auch in amerikanischen Flugsicherheitsempfehlungen dringend angeraten wird, habe ich nun meine blaue Arrow mit feuerroten Tankkennzeichnungen markiert.

Handling- und Landegebühren

Der allgemeine Engländer versucht Handlinggebühren auf jeden Fall zu vermeiden. Das haben wir auch einmal gemacht und z.B. Humberside ausgewählt, weil dort kein Handling erzwungen wird. Dafür haben wir dann über 50 Euro an Landegebühren gezahlt!

Entscheidend ist also unter dem Strich, was als Summe aller Gebühren für eine Landung rauskommt. Und diese Summe (umgerechnet in Euro) habe ich unten für alle angeflogenen Plätze aufgeführt. Dahinter jeweils zusätzlich die Parkgebühr je Nacht. Und zum Schluss der Spritpreis je Liter, alles in Euro:

Le Touquet 25 / 10 / 2,25

(plus 5 Euro Tankgebühr je Vorgang)

Cardiff 159 / – / 2,92

Cork 46,80 / 12,50 / 2,70

Weston 20 / 20 / -

Isle of Man 66 / 6,35 / 2,53

Stornoway 24,35 / 7,63 / 3,20

Prestwick 68 / – / 2,76

Humberside 59,25 / – / 2,17

(war steuerfrei, ansonsten: 2,61)

zum Vergleich:

Worms 8,70 / – / 2,62

Am Ende hat mich die Höhe der Landegebühren doch etwas überrascht. Zwangshandling hat sich in Deutschland ja zum Glück noch nicht durchgesetzt. Wenn wir tatsächlich, wie ursprünglich geplant, nach Edinburgh geflogen wären, hätten wir dort etwa 300 Euro für eine Landung zahlen müssen. Insofern fiel es uns nicht schwer, auf diesen teuren Stopp zu verzichten. Um herauszufinden, wie hoch die Gebühren beim Anfliegen kleinerer Sportflugplätze gewesen wären, dazu müsste man eine weitere Reise machen... Ich habe diesmal nur Plätze ausgesucht, die eine hard surface Runway haben, wo es 100 LL gibt, und die einen Instrumenten-Anflug haben. Kleinere Grasplätze dürften billiger sein.

Telefon und Internet

Ich habe nur Hotels gebucht, die kostenfreies WLAN (Wi-Fi) haben. Die Qualität der Internetverbindung war recht unterschiedlich. Telefonieren über Skype habe ich nach einigen Versuchen ganz aufgegeben. Die Qualität war zu schlecht, zumal für ein Gespräch in Englisch. Dennoch waren sehr viele Telefonate erforderlich (PPR, Handling, Treibstoffverfügbarkeit, etc.). Ich bin also mal auf meine Handyrechnung gespannt.

Die Flugplanung ging immer über WLAN, allerdings mussten wir oft am Flugplatz das Datenroaming aktivieren, um z.B. die letzen Wetter oder ein Radarbild abzurufen. Hier will ich nicht über die Kosten jammern, die neuen EU Regeln zum Datenroaming haben ab 1.7.2012 neue Tarife entstehen lassen, die bei meiner nächsten Reise die Datenroaming-Kosten deutlich begrenzen werden.

Hotels über booking.com

Alle Hotels hatte ich über booking.com im Voraus gebucht. Das hat sich nicht uneingeschränkt bewährt. Im vergangenen Jahr in Skandinavien konnten wir über booking.com gebuchte Hotels noch am Vorabend der Anreise bis 18 Uhr kostenfrei stornieren. Dieses Mal sahen die Buchungsbedingungen kostenlose Stornierungen nur bis 48 Stunden vor der Anreise vor. Das dynamische Wettergeschehen zwang uns daher zweimal – mit entsprechenden Kosten – kurzfristige Stornierungen vorzunehmen. Auf der anderen Seite waren die Hotels, die wir nutzen konnten, besonders schön, weil ich sie lange vorher in Ruhe habe aussuchen können.

In Zukunft werde ich zwar weiterhin für solche Touren Hotels im Voraus buchen, die Buchung aber nur bestehen lassen, wenn die Wettervorhersage 100% sicher erscheint. Oder vorher Unterkünfte aussuchen, notieren und dann kurzfristig am Vorabend buchen.

Booking.com ist dennoch ein gutes Tool: In Le Touquet sind wir auf der Rückreise ohne Buchung gelandet und Tobias hat mit seinem iPhone innerhalb 5 Minuten über booking.com für uns ein Zimmer besorgen können.

Notausrüstung

Auf allen Flügen, bis auf den letzen von Le Touquet nach Worms, der ja über Land ging, haben wir manuelle constant-wear Schwimmwesten aus dem

Jachtbereich getragen. Die sind recht bequem und nicht so sperrig wie die ausgepackten Airliner Westen. Wie schon im Blog erwähnt, sind diese Westen zwar besser, aber nicht für die Luftfahrt zugelassen, weil sie kein Licht haben. Zusätzlich zu diesen Westen hatten wir noch 2 zugelassene Luftfahrtschwimmwesten (eingeschweißt) griffbereit in der Sitztasche.

Die Arrow hat inzwischen ein fest eingebautes ELT, das automatisch oder vom Panel aus manuell ausgelöst werden kann. Der Festeinbau des ELT hat den Nachteil, dass nach einer Notwasserung der ELT mit dem Flugzeug untergeht. Daher habe ich für diese Reise und spätere Touren ein Personal Locator Beacon – PLB – gekauft. Das PLB ist etwas schwerer als ein Handy und ich habe es in einer kleinen Tasche direkt an der Schwimmweste mit einem Karabinerhaken befestigt. Das PLB ist, obwohl mit etwas 285 Euro fast um den Faktor 10 billiger als ein ELT, deutlich leistungsfähiger. Es hat nämlich einen eingebauten GPS Empfänger und sendet zusätzlich zu den Notsignalen auf 121,5 und 403 MHz die GPS Position direkt an den COSPAR/SARSAT Satelliten.

PLBs kann man nicht in Deutschland registrieren lassen. Meines, gekauft bei Friebe Aero, ist bei der Royal Coast Guard in England registriert. Die Registrierung erfolgte problemlos per email.

Unser 4-Personen-Floss mit Dach ist ebenfalls aus dem Schifffahrtsbereich, ist aber mit 23 kg viel zu schwer. Es ist in einer Tragetasche vacuum-verpackt. Wir haben es hinter dem Copilotensitz senkrecht in den Fußraum gestellt. Das Prüfintervall beträgt drei Jahre, die erste Nachprüfung war im Kaufpreis schon dabei. Vielleicht werde ich es wieder verkaufen. Ein spezielles Floss für die Luftfahrt kostet zwar mehr, ist nicht unbedingt seetüchtiger, aber bei 12 kg Gewicht besteht für einen, vielleicht verletzten Piloten eher Aussicht, es erfolgreich auszubringen.

Ein Floss war übrigens für unsere Reise nicht vorgeschrieben, weil wir nie weiter als 100 NM von geeignetem Notlandegelände entfernt waren. Man hätte also den Trip auch ohne Floss, z.B. mit einem Motorsegler machen können. Da aber die Zuladung bei der Arrow kein Thema war, fühlte ich mich bei den mäßigen Wassertemperaturen im Atlantik doch deutlich wohler mit dem Teil an Bord.

Trinkwasser hatten wir immer an Bord. Ich führe auf allen Flügen einen 5 Liter Kanister zum Scheibenwaschen mit. In den Kanister kommen aber keine Zusätze, nur bestes Leitungswasser.

IFR in UK

Im Vereinigten Königreich ist der untere Luftraum fast überall, außer um die kontrollierten Flugplätze herum Class G. In diesem Luftraum kann man unbeschränkt nach IFR fliegen, man braucht keine Freigabe, keinen Flugplan, man muss nicht mal mit jemandem über Funk kommunizieren. Nur für IFR Flüge, die durch kontrollierten Luftraum gehen, ist ein Flugplan erforderlich. Anders als in Deutschland ist es aber kein Problem, den über Funk aufzugeben (z.B. wenn man wegen Wetter ungeplant IFR zu einem kontrollierten Flugplatz will). Minimum IFR Höhe ist 1.000 Fuß über den Hindernissen innerhalb 5 NM. Die Reiseflughöhen nach den Quadrantal Flight Rules müssen dabei von allen IFR Flügen eingehalten werden.

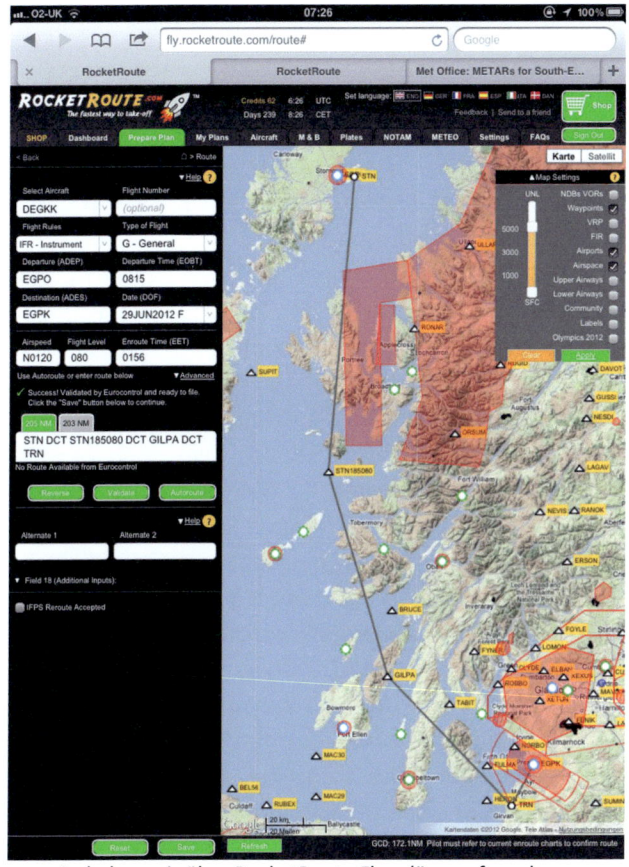

So haben wir über RocketRoute Flugpläne aufgegeben:
hier unser IFR-Flugplan von Stornoway nach Prestwick...

Für VFR Flüge sind diese Quadrantal Flight Rules auch über der Transition Altitude nicht verbindlich, es ist aber sicher keine schlechte Idee, sich daran zu orientieren.

Wir haben für alle Flüge, VFR wie IFR, einen Flugplan über Rocket Route aufgegeben. Das macht auch Sinn, wenn man in einem Notfall wiedergefunden werden möchte. Ebenso waren wir immer in Funkkontakt zu Flight Information.

Wir haben in UK einen IFR Flug gemacht, der durch unkontrollierten Luftraum ging. Das war von Stornoway nach Prestwick. Nach dem Start in Stornoway (kontrolliert) sind wir auf FL 080 gestiegen und zu Scottish Control auf die Frequenz geschickt worden. Da gab es nur Traffic Service, also keine Kontrolle. Auf unseren "Request FL 095" erhielten wir nur zur Antwort "No known traffic at FL 095" und wir sind ohne Freigabe gestiegen.

Wie können die Engländer IFR von unkontrollierten Plätzen zu anderen unkontrollierten Plätzen fliegen? Dazu sind die Regeln etwas anders als bei uns. So gilt die IFR Mindestsicherheitshöhe "except when necessary for takeoff or landing". Das heißt, man kann aus einem unkontrollierten Platz IFR abfliegen, auch wenn keine SID veröffentlicht ist. Man muss dafür aber die Hindernis-Situation genau kennen. Und wie kommen die Engländer später nach Sicht wieder runter? Auch dafür gibt es eine Sonderregel: Die 1000 Fuß Mindestsicherheitshöhe darf (unterhalb 3000 Fuß) unterschritten werden, wenn man clear of clouds bleibt, man Bodensicht hat und die Flugsicht mindestens 800 Meter beträgt. So kann man auch IFR an einem Flugplatz landen, der keinen Instrument

Approach hat. (Alle Regeln AIP ENR 1.3. Instrument Flight Rules). Für solche Flüge gibt es in UK (noch) ein s.g. IMC rating, also so etwas wie eine Wolkenflug-Berechtigung. Damit darf man aber keine Instrument Approaches fliegen. Ob diese Art der IFR Flüge bis ans Limit sinnvoll sind, das steht auf einem anderen Blatt.

VFR in UK

Viel einfacher als bei uns. Wenn man einen VFR Flugplan aufgegeben hat, hat der Fluginformations-dienst bereits alle Details. Man muss nicht wie bei Langen Info noch mal seine ganze Lebensgeschichte erzählen. Eine Besonderheit: Wenn man sich unter-wegs z.B. bei London Info meldet, können die mit "request traffic information" nichts anfangen und fragen zurück: "Which service do you require?" Dann muss man wissen, was die meinem. In UK gibt es folgende "Services" für IFR und VFR Flüge im unkon-trollierten Luftraum (nachzulesen in der AIP ENR 1.1.2 — AIR TRAFFIC SERVICES OUTSIDE CONTROLLED AIRSPACE):

- Basic Service:

Hier gibts nur Wetter, Infos zu Flughäfen, alles was man braucht – aber keine Verkehrsinfos!

- Traffic Service:

Gibt's zusätzlich zum Basic Service nur wenn man auf dem Radar ist. Unter Traffic Service gibt's dann auch Verkehrshinweise. Der Fluglotse erwartet aber eine Info des Piloten, bevor dieser eine generelle Kursänderung vornimmt. Vom Lotsen empfohlene Headings wegen Verkehr sollten nicht ohne Rück-sprache geändert werden.

- Deconfliction Service

Gibt's nur unter Radar, ist traffic service plus Radarführung zur Kollisionsvermeidung. Bei diesem Service darf man Heading und / oder Höhe nur nach Rücksprache mit dem Losten ändern. Anweisungen des Lotsen können in IMC führen, daher Service nur requesten, wenn überall VMC ist oder man IFR qualified ist.

- Procedural Service

Wie Deconflicting Service nur ohne Radar.

Platzrunden in UK

Man fliegt hier keinen 45 Grad entry im Level Flight in den Gegenanflug, sondern einen "Standard Overhead Join". Das muss man sich mal angucken, um es zu verstehen. Guckst Du:

www.caa.co.uk/docs/33/ga_srgwebStandardOver headJoinPosterJan09.pdf

Auf unserer Reise sind wir nur kontrollierte Flugplätze angeflogen, da gab's das nicht. Wir haben immer die direkte Freigabe für Base oder Final bekommen.

Durchqueren von Kontrollzonen, Aerodrome Traffic Zones (ATZ) oder Military Traffic Zones (MATZ) oder Class D Airspace

Alles kein Problem, wir sind ja hier nicht in Deutschland. Liegt ein solcher Luftraum auf der Route, einfach rechtzeitig bei Info nachfragen. Man wird dann auf die Controller Frequenz geschickt (die aber die Flugplandaten nicht vorliegen haben). Dort kann man dann nach der z.B. midfield crossing clearance fragen.

Wenn es der Verkehr erlaubt, kriegt man die auch. Aber: Im Funk nicht mit der Tür ins Haus fallen und gleich losblubbern. Beim Initial Call in UK immer erst callsign und Höhe (und dann vielleicht noch "good morning"). Der Controller kommt dann zurück mit "DEGKK, pass your message". Dann erst sein Anliegen vortragen.

Dies ist der letzte Eintrag in meinem Blog.

Viele Grüße, heute aus Singapore

Euer Peter

Die blaue Arrow ruht sich aus für neue Abenteuer...
Flugplatz Worms am Rhein